물리박사 김상욱의 수상한 연구실

저자소개

기획 **김상욱**

경희대학교 물리학과 교수. 예술을 사랑하고 미술관을 즐겨 찾는 '다정한 물리학자'. 카이스트에서 물리학으로 박사학위를 받았고, 독일 막스플랑크연구소 연구원, 도쿄대학교와 인스부르크대학교 방문교수 등을 역임했습니다. 주로 양자과학, 정보물리를 연구하며 70여 편의 SCI 논문을 게재했습니다.

글 **김하연**

프랑스 리옹3대학에서 현대문학을 공부했습니다. 어린이 잡지 <개똥이네 놀이터>에 장편동화를 연재하며 작품 활동을 시작했으며, 지금은 어린이와 청소년을 위한 글을 쓰고 있습니다. 쓴 책으로 동화 <소능력자들> 시리즈, <똥 학교는 싫어요!>, 청소년 소설 <시간을 건너는 집> 시리즈, <너만 모르는 진실>, <지명여중 추리소설 창작반>, <블랙북>, <나만 아는 거짓말>이 있습니다.

그림 **정순규**

자유로운 상상을 좋아하는 일러스트레이터. 고려대 생명과학부 졸업 후 좋아하는 일을 하기 위해 꿈을 찾아 그림을 그리기 시작했습니다. 부산 아웃도어미션 게임 <바다 위의 하늘 정원> 외 2개의 테마 그림 작업을 했습니다.

자문 **강신철**

과학 커뮤니케이터. 자연을 바라보며 그 속의 진실을 발견하고, 과학을 만들어가는 사람의 역할을 소중히 여깁니다. 과학을 삶과 연결하는 대화를 즐깁니다.
극단 <외계공작소>에서 과학과 인문학을 융합한 과학문화콘텐츠를 기획하고 있으며, 서울대학교에서 물리교육으로 박사 학위를 마쳤습니다.

어린이를 위한 세상의 모든 과학

물리박사 김상욱의 수상한 연구실

9 에너지: 사라지지 않는 존재

기획 김상욱 | 글 김하연 | 그림 정순규 | 자문 강신철

아울북

기획자의 글

물리를 알면 과학이 쉬워집니다.

어린 시절, 우리 모두 과학자였다면 믿으실 수 있나요? 땅속이 궁금해서 땅을 파보거나, 무지개 끝에 가보려고 하염없이 걸었거나, 장난감이 어떻게 작동하는지 궁금하여 분해해 본 적 있다면 여러분은 과학자였습니다. 어쩌면 과학자는 어린 시절의 흥미를 잃지 않고 간직한 사람인지도 모릅니다. 그렇다면 우리 어린이들이 과학에 대한 관심을 잃지 않도록 지켜야 하지 않을까요?

과학 중에서도 물리는 특별합니다. 오늘날 과학이라고 부르는 학문은 17세기 뉴턴의 물리학에서 시작되었다고 해도 과언은 아니기 때문이죠. 거칠게 말해서 현대과학은 물리의 언어와 개념을 사용하여 물리적 방법으로 수행되는 활동입니다. 화학에서 원자구조를 계산하고, 생명과학에서 에너지를 이야기하며, 전자공학에서 양자역학을 사용하고, 천문학에서 상대성 이론을 적용하는 것처럼 말이죠. 물리는 모든 자연에 들어있는 가장 근본적인 원리를 다루는 학문이기 때문입니다. 따라서 물리를 모르면 과학을 이해하기 힘듭니다.

과학자가 되지 않으면 물리를 몰라도 될까요? 현대는 과학기술의 시대입니다. 지난 200여 년 동안 일어난 중요한 변화는 대개 과학기술의 결과물입니다. 지금은 과학기술 없이 단 한 순간도 살 수 없는 시대라는 뜻입니다. 이제 과학은 전문가들만의 지식이 아니라 현대를 살아가는 상식이자 교양이 되었습니다.

어린이들은 물리가 다루는 여러 어려운 주제에 대해 이미 잘 알고 있으며 심지어 좋아합니다. SF영화에 단골로 등장하는 블랙홀, 빅뱅, 타임머신, 순간이동, 투명망토, 원자폭탄, 평행우주 등이 그 예죠. 하지만, 막상 수학으로 무장한 교과서 물리를 만나면 흥미를 잃어버립니다. 물리를 제대로 이해하려면 결국 수학도 알아야 하지만, 교양으로서의 물리를 알기 위해 수학이 꼭 필요한 것은 아닙니다. 사실 물리학자에게도 엄밀한 수식보다 자연에 대한 직관적인 이해가 중요한 경우가 많습니다. 이렇듯 어린이들이 이미 가지고 있는 물리에 대한 호기심을 일깨우고, 제대로 된 지식을 알고 싶다는 동기를 불러일으키는 것이 더 중요하다고 생각합니다.

출간 제안을 받았을 때, 과학학습만화 시리즈를 틈틈이 읽던 저의 어린 시절이 떠올랐습니다. 공룡과 곤충 이야기에는 흠뻑 빠졌지만, 물리를 다룬 이야기는 지루했던 기억이 납니다. 당시 물리 이야기도 공룡이나 곤충처럼 재미있게 읽었다면 좀 더 일찍 물리학자의 꿈을 키울 수 있지 않았을까하는 상상도 해봅니다.

이 시리즈를 준비하며 저와 강신철 박사가 꼭 다뤄야 할 물리 개념을 정리했고, 그것을 바탕으로 김하연 작가가 어린이들이 정말 좋아할 이야기를 만들었습니다. 제가 등장하여 아이들과 미스터리를 풀어간다는 설정이 특히 마음에 드는데, 그 과정에서 중요한 물리 개념이 하나씩 등장하게 됩니다. 무엇보다 정순규 작가의 삽화가 너무 멋지고 사랑스러워서 더욱 몰입할 수 있을 거라고 기대합니다. 최선을 다해 만든 이 책을 읽고 많은 어린이들이 물리와 사랑에 빠지는 계기가 되길 기원합니다.

물리학자 김상욱

차례

등장인물 소개

김상욱
아저씨

'또만나 떡볶이'의 새 주인.

떡볶이 만드는 걸 물리보다 어려워하는 이상한 아저씨다. 어딘가 어설프고 어리바리해 보이지만, 떡볶이집에 엄청난 비밀을 숨겨놓은 것 같다.

태리

떡볶이 동아리 '매콤달콤'의 리더.

활발하고 솔직한 성격으로 친구들에게 인기가 많지만, 가끔은 지나친 솔직함으로 친구들을 난처하게 만들기도 한다.

해나

'매콤달콤'의 브레인.

웬만해선 손에서 책을 놓지 않는 만큼 잡다한 지식을 알고 있다. 하지만 고지식하고 시큰둥한 성격의 소유자다.

건우

자타공인 '매콤달콤'의 사고뭉치.

공부가 세상에서 제일 싫지만 그중에서도 싫어하는 과목은 수학과 과학. 가끔씩 기발한 아이디어로 모두를 깜짝 놀라게 한다.

레드

마두식 회장의 최측근 비서.

마 회장이 누구보다도 믿는 엘리트 부하. 냉철함과 뛰어난 판단력을 자랑한다. 고집불통인 마 회장도 레드의 말이라면 신뢰하고 따른다.

마두식 회장

엔진 제조 회사 '에너지킹'의 회장.

'에너지킹'에서 만든 초강력 신형 엔진 덕분에 하루아침에 부자가 되었다. 세계인의 영웅이라 불리지만 거대한 음모를 숨기고 있다.

이룩한 박사

'또만나 떡볶이'의 전 주인.

까칠한 성격 탓에 '또만나 떡볶이'가 인기를 잃어버리는 데 한몫한 장본인. 언제, 어디로, 어떻게 사라졌는지 아무도 모른다.

블랙&화이트

마두식 회장의 부하 콤비.

마 회장이 하루에도 수십번씩 해고를 고민할 정도로 사고뭉치들이다. 어디로 튈지 모르는 성격에, 마 회장이 내린 지시를 까먹기 일쑤다.

벨라 요원

'이데아 수호 협회'의 요원.

겉으로는 까칠해 보이지만, 이데아를 잡는 데 필요한 준비물들을 가져다주는 등 김상욱 아저씨가 연락할 때마다 도움을 주러 등장한다.

1

도저히 믿을 수 없는 일

떡볶이를 사랑하는 세 아이들. 태리와 해나, 건우는 오늘도 학교 수업이 끝나자마자 또만나 떡볶이를 향해 걸음을 재촉했다. 떡볶이집 주인으로 위장 중인 물리 박사, 김상욱 아저씨를 만난 지도 어느덧 몇 달이 지났다. 김상욱 아저씨와 함께 잡은 여덟 마리의 물리 이데아는 이데아 캔에 담긴 채, 떡볶이집 지하의 수상한 연구실에 고이 잠들어 있었다.

다음에는 어떤 이데아가 모습을 드러낼까. 아이들은 설레기도 두렵기도 했지만, 김상욱 아저씨와 함께라면 무슨 일이든 해낼 수 있을 것만 같은 자신감이 넘쳤다.

김상욱 아저씨와 아이들은 운동회에서 승리한 덕분에 운동 이데아 키니를 무사히 포획할 수 있었다. 하지만 문제도 있었다. 마두식 회장과 김상욱 아저씨가 서로의 정체를 완전히 파악했다는 것.

우주 진출을 꿈꾸는 대기업, 에너지 킹을 이끄는 마두식 회장은 키니를 빼앗겨 화가 머리 끝까지 나 있을 것이다. 하지만 아이들은 걱정하지 않기로 했다. 지금껏 어떤 어려움 속에서도 힘을 모아 무사히 이데아를 잡아 왔으니까.

아이들은 걱정을 뒤로하고 또만나 떡볶이를 향해 서둘러 걸었다. 오늘도 할 일이 산더미일 테니까. 하지만 또만나 떡볶이 집 앞에서 아이들을 기다리고 있는 것은 또 다른 걱정거리였다.

해나와 건우는 태리가 가리킨 쪽을 바라봤다. 며칠 전, 또만나 떡볶이 맞은편에 마라탕 전문점이 문을 열었다. 마라탕집 앞에는 오늘도 긴 줄이 늘어서 있었다.

해나의 입에서 작은 한숨이 흘러나왔다.

"난 이데아보다 또만나 떡볶이가 더 걱정이야."

건우가 물었다.

"왜?"

하지만 문을 열고 들어간 또만나 떡볶이는 텅 비어 있었다. 아이들은 김상욱 아저씨의 이름을 부르며 가게 안을 돌아다녔지만, 아저씨가 요리를 한 흔적도 전혀 찾아볼 수가 없었다.

아저씨는 보통 오전 10시부터 음식 준비를 시작한다. 하지만 벌써 2시가 지났다.

이게 무슨 일일까. 아저씨의 휴대폰에서는 전원이 꺼져 있다는 안내 음성만 들려올 뿐이었다.

태리가 말했다.

"요리 준비를 시작하시다가 깜박 잠드신 게 아닐까? 아저씨네 집에 올라가 보자! 이 건물 2층이잖아."

하지만 아저씨네 집 문은 잠겨 있었다. 아이들은 할 수 없이 가게로 돌아와 테이블에 모여 앉아 아저씨가 돌아오기를 기다리고, 또 기다렸다.

번갈아 가며 아저씨의 휴대폰에 전화도 했지만 여전히 똑같은 안내 음성만 들려올 뿐이었다. 뭔가 이상하다.

오늘따라 우중충한 하늘처럼 아이들의 마음에도 서서히 어두운 그림자가 드리웠다.

건우가 말을 이었다.

"마라탕 가게로 죄다 몰려가서 여기 올 손님도 없거든? 그리고 아저씨도 없는데 뭐 하러 힘을 빼냐? 갑자기 나타나서 주방을 어지럽혔다고 잔소리만 하겠지."

그때, 몇몇 손님들이 가게 앞에 나타났지만 텅 빈 떡볶이 판을 보고는 금세 지나쳤다.

투덜거리던 건우도 거리를 걱정스러운 눈길로 흘끔거렸다.

태리가 다시 한번 침묵을 깼다.

아이들은 동시에 지하실로 달려갔다. 하지만 허겁지겁 달려간 지하실에도 아저씨의 모습은 보이지 않았다. 혹시 창고에 있는 걸까. 아이들은 이데아 캔들이 보관된 창고 문을 열었다.

없다.

아이들은 어안이 벙벙한 얼굴로 텅 빈 진열장을 쳐다봤다. 머릿속이 배배 꼬인 듯한 기분이었다. 도대체 지금 무슨 일이 벌어지고 있는 걸까.

"김상욱 아저씨가…… 이데아 캔들을 다른 데로 옮기셨나 봐."

"어디로? 혹시 도둑이라도 든 거 아냐?"

"도둑이 들었다면 창고가 이렇게 깨끗하겠냐? 그리고 도둑이 이데아 캔을 훔쳐 갔다면, 아저씨는 도대체 어디 있는데?"

태리와 건우가 옥신각신하는 동안 해나는 창고에서 나와 한쪽 테이블에 김상욱 아저씨가 설치한 시시티브이 모니터로 시선을 옮겼다. 가게 앞에 달린 시시티브이는 지금도 거리 풍경을 비추고 있었다.

곧이어 주변을 유심히 살피던 해나는 키보드 옆에서 반으로 접힌 종이를 발견했다.

날 용서해 줘, 얘들아. 이데아들을
찾게 도와준 너희를 잊지 못할 거야.
아름다웠던 추억을 영원토록 기억해
줘.
???
우리를 떠나셨다고?
말도 안 돼! 그럼 이데아들은
어떻게 된 거야?
머엉
김상욱 아저씨가
데려갔겠지!
와, 진짜 어이없네!
띠익
벨라 아줌마는
이게 무슨 일인지 알지도 몰라.
전화해 보자.
휙

이데아 수호 협회의 특수 요원이자 지금까지 이데아 포획을 도와준 벨라 요원. 갑자기 호출할 때마다 늘 짜증을 냈던 벨라 요원이지만, 오늘은 또만나 떡볶이에 순식간에 모습을 드러냈다.

텅 빈 창고를 확인한 벨라 요원의 표정이 차갑게 굳었다. 벨라 요원은 김상욱 아저씨가 남긴 편지를 말없이 읽었다. 벨라 요원의 손 안에서 편지가 바스락 소리를 내며 구겨졌다.

이번만큼은 벨라 요원도 '아줌마'라는 단어에 화를 내지 않았다. 대신 컴퓨터 모니터를 들여다보며 마우스를 빠르게 움직였다.

벨라 요원이 온기 없는 목소리로 말했다.

"어젯밤에 찍힌 시시티브이 영상이야."

가로등 불빛만 거리를 밝힌 어두운 밤.

김상욱 아저씨는 큰 가방을 어깨에 짊어진 채 또만나 떡볶이를 나왔다. 그러고는 휘파람을 불며 가게 앞에 주차한 자신의 자동차에 가방을 실었다.

태리가 물었다.

“저 가방에…… 이데아 캔이 들어 있을까요?”

“그렇겠지. 마지막으로 김상욱 박사님을 본 건 언제니?”

“어제 저녁이요.”

“뭔가 이상한 낌새는 없었어?”

해나가 고개를 저었다.

“평소랑 똑같았어요. 재료 정리할 게 많으니까 오히려 가게에 일찍 오라고 하셨다고요.”

해나가 물었다.

“떠날 생각이었다면 가게 문은 왜 안 잠그고 가신 거죠?”

“그래야 너희가 들어와 편지를 발견할 테니까.”

“그럼 이데아 캔은 왜 가져가신 건데요?”

벨라 요원은 아이들에게 등을 돌린 채 김상욱 아저씨가 찍힌 시시티브이 영상을 자신의 유에스비에 복사했다. 그리고 마침내 자리에서 일어나 아이들과 차례로 시선을 맞췄다.

“모든 사람의 마음속엔 감춰진 방이 있기 마련이지. 박사님이 남긴 편지와 사라진 이데아 캔, 그리고 이 시시티브이 영상으로 봤을 때, 그 방에 좋은 마음이 들어 있었을 것 같지는 않구나.”

벨라 요원은 잠시 말을 멈추고 아이들을 향해 고개를 숙였다.

“지금까지 이데아 포획을 도와준 너희에게 이데아 수호 협회를 대표해 감사를 전한다. 그리고 이런…….”

아이들은 겁에 질린 얼굴로 서로를 흘끔거렸다.

김상욱 아저씨가 사라진 적막한 연구실에 벨라 요원의 긴 한숨이 흘렀다. 벨라 요원은 이데아 수호 협회로 돌아가려는 듯, 1층으로 향하는 계단을 향해 발걸음을 옮겼다. 하지만 몇 걸음을 채 떼지 않고 멈칫하더니, 다시 아이들을 향해 고개를 돌렸다.

곧이어, 도저히 받아들이기 힘든 말이 아이들의 귓가를 강하게 울렸다.

1 에너지란 무엇일까?

오늘의 연구 대상

운동회에서 있었던 일은 다시 생각해도 짜릿해!
김상욱 아저씨 덕분에 운동회에서 승리했잖아.

우리의 승리 속에는 어떤 에너지가 숨어 있었을까?

오늘의 일지

에너지로 가득한 세상

스위치를 켜면 전등에 불이 들어옵니다. 겨울이 되면 찬 바람이 불죠. 물은 높은 곳에서 낮은 곳으로 흐릅니다. 우리가 당연하게 여기는 이런 움직임과 변화들은 **에너지가 물체에 일을 하면서 일어나는 현상**입니다. 에너지는 눈에 보이지 않지만, **세상에서 일어나는 모든 움직임과 변화를 가능하게 하는 원인**이라고 할 수 있지요. 에너지에 대해 알아볼까요?

에너지의 다양한 얼굴

에너지는 한 가지 모습만 가지고 있는 게 아니에요. 뜨거움을 만들어 주는 열에너지, 기계를 움직이게 하는 전기 에너지, 세상을 밝혀 주는 빛에너지처럼 우리 주변에는 아주 다양한 에너지가 존재하죠.

에너지의 얼굴 중 몇 가지만 예시로 살펴볼까요?

열에너지

물질을 이루는 입자들이 움직이는 속도에 따라 세기가 달라져요.

전기 에너지

전선 속을 움직이는 전자의 흐름과 관련이 있어요.

빛에너지

빛이 퍼져 나갈 때 함께 전달되는 에너지예요.

세상을 움직이는 에너지

우리가 살아가는 세상에서 일어나는 모든 움직임과 변화 뒤에는 에너지가 있어요. 자동차가 달리고, 전등이 켜지고, 식물이 자라는 것까지 모두 에너지가 물체에 일을 하거나 형태를 바꾸면서 나타나는 현상이에요. **에너지는 여러 형태로 바뀌며 세상의 변화를 일으키는 근본적인 개념**이랍니다.

오늘의 연구 결과

에너지는 늘 우리 곁에 있고, 세상을 움직인다.

날 용서해 줘, 얘들아.

2

어디 있어요, 김상욱 아저씨!

과학실에 모인 햇빛 초등학교 4학년 1반 아이들 앞에는 용수철과 20그램짜리 추들이 놓여 있었다.

과학 선생님이 용수철을 들고 발랄하게 말했다.

"오늘은 용수철의 성질에 대해 알아보자. 용수철을 잡아당기면 길이가 늘어나고, 놓으면 되돌아가지? 이번에는 스탠드에 용수철을 건 다음, 추를 걸어 보자. 추를 하나씩 더 걸면서 늘어난 길이를 측정하는 거야."

해나는 스탠드 옆에 놓인 추를 만지작거리며 말했다.

"운동회 때 했던 큰 공 굴리기 게임 기억나? 건우가 공을 눌렀더니 김상욱 아저씨가 그랬잖아. 물체가 변형되면 원래 상태로 돌아오려고 하는데, 그 힘이 '탄성력'이라고."

하지만 태리와 건우는 해나의 말에 코웃음쳤다. 그도 당연한 것이 김상욱 아저씨가 사라진 지 벌써 일주일이나 지났다. 이제 학교 수업이 끝나면 아이들은 또만나 떡볶이 대신 집이나 학원으로 흩어진다. 아저씨와 함께 웃고 떠들던 시간, 이데아를 잡기 위해 고군분투했던 시간들은 이제는 생각하기조차 싫은 기억이 되고 말았다.

다가오는 선생님을 눈치 챈 해나가 얼른 용수철 끝에 달린 고리에 추를 걸었다.

과학 선생님이 세 아이들 쪽으로 몸을 기울이며 질문을 던졌다.

"용수철에 추를 거니까 어떻게 되니?"

"용수철이 늘어나요."

"왜 그런 현상이 벌어질까?"

"추가 용수철을 잡아당겼으니까요."

"그걸 우리는 추가 용수철에 '일'을 했다고 표현해. 추의 '위치 에너지'가 용수철의 '위치 에너지'로 바뀌었다고 할 수도 있지. 에너지는 운동, 전기, 열이나 빛처럼 여러 형태를 가지는데, 일을 할 수 있는 능력이기도 하지. 세상에 존재하는 모든 것은 에너지를 가지고 있단다."

해나는 선생님의 설명이 여전히 알쏭달쏭했다.

"그럼 위치 에너지는 뭐예요?"

"위치 에너지는 물체에 작용하는 힘 때문에 물체가 특정 위치에서 갖게 되는 에너지야. 용수철이 늘어날수록 용수철의 위치 에너지가 점점 커지지."

이번에는 태리가 물었다.

"그런데 걸어 놓았던 추를 내려놓으면 용수철이 계속 요동치잖아요. 그럼 위치 에너지가 사라지는 거예요?"

"아니, 용수철의 위치 에너지는 '운동 에너지'로 바뀌지. 운동 에너지는 질량을 가진 물체가 운동할 때 갖는 에너지를 말해."

그때, 옆 모둠에 있던 같은 반 친구가 건우의 옆구리를 찌르며 속삭였다.

"운동회 날 오셨던 마두식 아저씨 기억나? 회사 이름이 '에너지 킹'이었나?"

해나가 건우의 팔을 꼬집었다. 태리와 해나가 건우를 째려보는 동안, 선생님의 핀잔도 날아들었다.

"김건우! 누가 수업 시간에 떠들래!"

"재가 먼저 말 시켰어요! 그리고 마두식 아저씨는……."

좋은 사람이 아니라고요.

마지막 말이 건우의 입속에서 맴돌았다. 자신의 이익을 위해 이데아를 노리는 마두식 회장과 인사도 없이 훌쩍 떠난 김상욱 아저씨. 과연 둘 중에 누가 더 나쁜 사람일까.

선생님이 말했다.

“그러고 보니, 얘들아. 에너지 킹에서 어린이들을 위한 견학 프로그램을 만들었다던데, 다들 신청해 보면 어떨까? 웬만한 과학관보다 멋있다던데.”

건우의 옆구리를 찔렀던 친구가 대답했다.

“에이, 신청자가 너무 많아서 이미 내년까지 마감됐대요!”

“그렇구나. 다들 부모님께 말씀드려서 미리 예약해 보렴.”

건우의 얼굴은 더욱 일그러졌다. 마두식 회장의 건물이라니. 그곳에 스스로 가는 일은 절대로 없을 것이다. 과학실 곳곳에서 들리는 ‘에너지 킹’과 ‘마두식’이라는 단어에 건우는 결국 자신의 귀를 틀어막았다.

학교 수업이 끝난 뒤, 아이들은 신발장 앞에서 실내화를 갈아 신었다.

해나가 건우를 보며 혀를 찼다.

"야, 김건우. 너 제정신이야? 애들 앞에서 이데아 얘기를 꺼내면 어떡하냐?"

"왜 다들 나한테만 난리야! 그리고 이데아든 뭐든 이제 우리랑 무슨 상관인데?"

태리가 운동화 앞코를 바닥에 비비며 조심스레 말했다.

"김상욱 아저씨는 어디 계실까? 우리가 안 보고 싶으실까?"

"우리가 보고 싶었으면 한밤중에 도망쳤겠냐? 벨라 아줌마도 어딨는지 모른다잖아."

건우의 말에 태리는 고개를 떨구었다. 어제저녁, 벨라 요원이 오랜만에 연락을 해 왔다. 김상욱 아저씨의 행방은 여전히 알 수 없으며, 이룩한 박사가 납치된 사건에 아저씨가 가담했을 가능성까지 조사 중이라고 했다.

건우는 애꿎은 신발장을 걷어찼다.

"시간 아까워! 지금까지 이데아를 찾는다고 괜한 고생만 했잖아. 우리가 없었으면 또만나 떡볶이도 진작 망했을 거라고!"

해나가 차분하게 말했다.

"아저씨도 사정이 있었겠지."

태리가 말했다.

“무슨 사정? 나도 어떻게든 이해해 보려고 했지만 아무리 생각해도 너무해! 편지에 쓴 말도 이상했잖아. 어른들은 다 이래? 아저씨는 우리를 무시하지 않을 줄 알았어!”

건우가 끼어들었다.

“다 너 때문이야, 김태리. 그 아저씨가 이사 온 날에 네가 도와주자는 소리만 안 했어도 이렇게 엮일 일은 없었잖아.”

건우는 태리의 새빨개진 얼굴을 피해 고개를 돌렸다.

“아무튼 이제 그 지겨운 떡볶이집은 안 가도 되니까 속이 다 후련하다! 난 남자애들이랑 게임하기로 했으니까 너희는 알아서 집에 가라!”

건우는 남자애들을 향해 뛰어갔다.

해나는 아이들로 북적이는 복도를 쓸쓸히 걸었다. 세 아이들 중 누구도 진짜로 하고 싶었던 말은 꺼내지 못했다.

아직도 이 모든 일이 지독한 악몽인 것 같다고. 김상욱 아저씨에게 전화가 올까 봐 틈만 나면 휴대폰을 들여다봤다는 것도 말이다.

집에 돌아온 해나는 휴대폰을 꺼내려고 바지 주머니에 손을 넣었다. 구겨진 종이 한 장이 손에 잡혔다. 김상욱 아저씨가 남긴 편지. 해나는 온몸에서 힘이 빠져나가는 기분을 느끼며 침대에 누웠다. 그리고 천천히 아저씨의 편지를 다시 읽었다.

김상욱 아저씨의 글씨를 자주 봐 왔기에 아저씨가 직접 쓴 편지라는 건 의심의 여지가 없다. 갑자기 떠나는 이유를 더 충분히 설명해 줄 수는 없었을까. 급하게 썼는지 글씨도 평소보다 삐뚤빼뚤하다. 그때, 태리가 했던 말이 해나의 머릿속을 울렸다.

편지에 쓴 말도 이상했잖아!

태리의 말이 맞다. 위험한 순간도 많았는데 이데아를 잡기 위해 겪었던 일들을 아름답기만 했다고 표현할 수 있을까.

해나는 편지를 쥔 채 눈을 감았다. 아저씨가 사라졌던 날, 벨라 요원이 재생했던 시시티브이 영상이 머릿속에 펼쳐졌다.

아저씨는 휘파람까지 불며 자동차에 올랐다. 이데아들을 훔쳐서 몰래 떠나는 사람이 어쩜 그리 태연할 수 있을까. 해나는 몸을 벌떡 일으켰다. 뭔가 떠오를 듯 말 듯한 찝찝한 기분이 들었다.

해나는 휴대폰을 들고 벨라 요원에게 문자 메시지를 보냈다. 그날 밤의 시시티브이 영상을 다시 보고 싶다고.

이유를 알 수 없는 답답함이 가슴을 짓눌렀다. 해나는 휴대폰과 아저씨의 편지를 쥔 채 또만나 떡볶이로 달려갔다. 가게 앞에 도착한 순간, 벨라 요원에게 답장이 왔다.

해나는 그날의 영상을 다시 한 번 꼼꼼히 살폈다. 그리고 고개를 두리번거리며 거리를 바라봤다.

그 순간, 전기 이데아 또르의 고압 전류에 맞은 듯한 충격이 해나의 온몸을 덮쳤다. 해나는 사람들의 시선도 아랑곳하지 않고 가게 앞에 주저앉았다. 그리고 아저씨의 편지를 읽고, 또 읽었다.

얼마나 시간이 흘렀을까.

해나는 벨라 요원에게 전화를 걸었다.

2 운동 에너지와 위치 에너지

오늘의 연구 대상

학교에서의 실험은 하나도 눈에 들어오지 않았어.
선생님은 대체 무슨 얘기를 한 거지?
운동 에너지? 위치 에너지? 그게 뭔데?

오늘의 일지

멈췄다? 움직인다?

굴러가고 있는 공과 언덕 위에 가만히 놓인 공 중에 어떤 공이 에너지를 가지고 있을까요? 단순히 생각하면 굴러가는 공만 에너지를 가지고 있다고 생각하기 쉬워요.

하지만 정답은 둘 다입니다. 굴러가고 있는 공은 물체가 움직일 때 갖는 운동 에너지를, 언덕 위에 놓인 공은 높은 위치에서 오는 위치 에너지를 갖고 있기 때문입니다. 자세히 살펴봅시다.

움직임의 에너지와 위치의 에너지

움직이고 있는 물체는 운동 에너지를 가져요. 달리는 자동차나 뛰어가는 사람처럼 운동하는 상태의 물체가 갖는 에너지예요. 운동 에너지는 **질량이 클수록, 속력이 빠를수록** 더욱 커집니다.

물체가 어디에 놓여 있느냐에 따라 가지는 에너지를 위치 에너지라고 해요. 언덕 위의 공처럼 '떨어질 수 있는 자리'에 있기만 해도 에너지를 품고 있는 거죠. 위치 에너지의 크기는 **높은 곳에 있을 수록** 더욱 커집니다.

서로 연결되어 있는 두 에너지

운동 에너지와 위치 에너지는 서로 동떨어진 개념이 아니라 **서로 바뀔 수 있는 에너지**랍니다. 롤러코스터를 예로 들어 볼까요?

롤러코스터가 꼭대기를 향해 움직일 때는 속력이 느려지면서 운동 에너지가 줄어들지만, 그만큼 위치 에너지가 커지죠. 반대로 위에서 아래로 내려올 때는 위치 에너지가 줄어들지만, 운동 에너지가 점점 커지죠. 이렇듯 두 에너지는 서로의 형태로 계속 바뀌어 갑니다.

오늘의 연구 결과

움직이는 것도, 가만히 있는 것도 에너지!

역시, 우리 해나야!

3

보고 싶다,
얘들아

김상욱 아저씨는 갑자기 쏟아진 빛에 얼굴을 찌푸렸다. 아저씨는 수염으로 까끌까끌한 턱을 매만지며 블랙과 화이트를 따라 긴 복도를 걸었다.

비서들이 앞다투어 말했다.

"미리 경고하는데 도망칠 생각은 꿈도 꾸지 마세요!"

"맞아요, 여긴 경비들이 엄청 많다고요!"

김상욱 아저씨는 머릿속을 짓누르는 근심 때문에 대답할 기운조차 없었다. 처음부터 이렇게까지 좌절했던 건 아니다. 자신이 없어진 걸 알면 벨라 요원은 시시티브이부터 확인할 테니까. 거기에 분명히 자신이 붙잡혀 가는 모습이 찍혔을 것이다.

게다가 아이들에게 편지도 남겼다. 마 회장의 부하들이 감시하는 바람에 암호를 써야 했지만, 영특한 해나라면 자신이 남긴 메시지를 찾아낼 것이다.

하지만.

이곳에 갇힌 지도 일주일이 지났건만 아직 아무도 자신을 구하러 오지 않았다.

마 회장은 이룩한 박사를 납치했다. 그렇다면 이번에는 왜 자신을 데려왔을까. 혹시 이룩한 박사에게 생각도 하기 싫은 일을 저지른 건 아닐까.

김상욱 아저씨는 혼란스러운 마음으로 텅 빈 복도를 응시했다.

마 회장의 부하들은 간신히 모은 이데아 캔도 모조리 가져갔다. 이데아 캔을 더 안전한 곳에 보관했어야 했는데. 지난 일을 떠올릴 때마다 모든 순간이 아쉬움으로 남았다.

"들어가세요!"

블랙이 검지로 지문을 찍자 문이 열렸다. 눈앞에 펼쳐진 광경에 김상욱 아저씨의 입이 벌어졌다. 갖가지 최신 장비들로 가득한 연구실에서 과학자들이 연구에 몰두해 있었다.

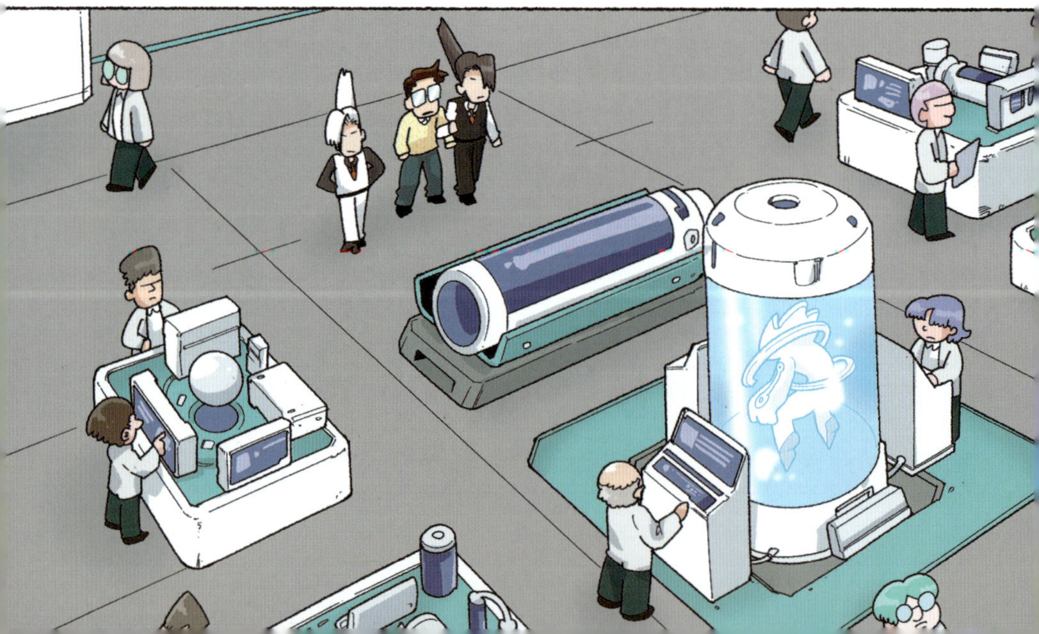

하지만 아저씨의 시선을 붙잡은 것은 값비싼 기계 장치도, 널찍한 공간도 아니었다. 바로 거대한 수조 안에서 몸을 늘어뜨리고 있는 흰색 몸뚱이의 거대한 생명체였다. 누구도 설명해 주지 않았지만 단번에 알 수 있었다. 그 생명체의 정체가 이데아라는 것을.

이데아를 향해 달려가려는 김상욱 아저씨를 블랙과 화이트가 붙잡았다. 곧이어 출입문이 또다시 열리더니 마두식 회장과 최고 비서 레드가 모습을 드러냈다.

마 회장은 히죽거리며 말을 이었다.

"이데아를 보고 흥분하는 걸 보니 아직 기운이 넘치는 모양이야. 마침 잘됐어. 오늘부터 당신에게도 일을 시키려던 참이었거든. 이렇게 좋은 건물에서 밥만 축낼 수는 없잖나?"

"에너지 킹은 평범한 엔진 제조 기업에서 출발해 우주 진출까지 꿈꾸는 대기업으로 성장했어. 물론 내 사업 수완이 뛰어나기도 했지만 정말 그게 다였다고 생각하나?"

수조 가까이 다가간 마 회장은 수조를 두드렸다.

이데아가 눈을 번쩍 떴다. 이데아는 마 회장을 노려보며 몸을 거칠게 뒤틀었다. 계기판 앞에 있던 과학자가 스위치를 켜자 이데아는 괴로움에 몸부림치더니 이내 축 늘어졌다.

김상욱 아저씨가 외쳤다.

"그만해! 아무 잘못도 없는 이데아한테 무슨 짓이야!"

"바로 그걸 보여 주려고 자네를 데려온 게 아니겠나."

"이룩한 박사님도 당신이 납치했지? 박사님은 어디 가뒀어!"

마 회장과 비서들의 시선이 한데 모였다. 곧 그들의 요란한 웃음소리가 널따란 연구실을 울렸다.

그때였다. 출입문이 또다시 열리더니 김상욱 아저씨가 그토록 걱정했던 얼굴이 나타났다.

이룩한 박사는 얼빠진 얼굴을 한 김상욱 아저씨를 지나쳐 수조 쪽으로 나아가 리모컨의 버튼을 눌렀다. 그러자 수조 뚜껑이 열리더니 옆에 있던 갈고리 모양 기계가 이데아를 끄집어냈다. 이내 정신을 잃은 이데아는 투명한 관처럼 생긴 장치에 담겼다.

이룩한 박사가 신호를 보내자 경비들이 견고해 보이는 보관함을 가지고 나타났다. 지금까지 김상욱 아저씨와 아이들이 힘들게 모은 이데아 캔들이 그 안에 가지런히 들어 있었다.

이룩한 박사가 이데아 캔 하나를 꺼내 들었다.

"에너지는 물리에서 가장 중요한 개념이지. 존재하는 모든 것은 에너지를 가지고 있어. 그러니 자네가 포획한 이데아들도 모두 '에너지'라고 할 수 있지. 로켓을 발사하려면 그중에서도 어떤 이데아가 가장 쓸모 있겠나?"

"그거야…… 당연히 운동 이데아겠죠. 로켓을 발사하려면 충분한 속력이 필요하니까요."

이룩한 박사는 들고 있던 이데아 캔을 열었다. 눈부신 빛과 함께 무언가가 이룩한 박사의 손바닥 위로 떨어졌다.

햇빛 초등학교 운동회에서 잡았던 운동 이데아 키니. 인체나 물체에 흡수되어 힘과 속도를 조절하는 이데아.

키니는 겁에 질린 눈으로 주변을 두리번거렸다. 순한 녀석인 만큼 사람들을 공격할 마음은 품지 못했다. 키니와 김상욱 아저씨의 눈이 마주쳤다. 아저씨를 알아본 키니가 반가운 얼굴로 이룩한 박사의 손바닥 위에서 가볍게 튀어올랐다.

이룩한 박사는 키니가 자신의 손바닥에 흡수되기 전에 흰색 이데아가 갇힌 기계보다 좀 더 작은 기계에 키니를 넣었다.

"수조에 갇혀 있던 이데아는 다른 에너지를 흡수해서 원하는 에너지로 자유롭게 전환하는 능력이 있네. 태양 에너지를 받아서 하늘을 날기도 하고, 초인적 힘을 내기도 하는 영화 속 슈퍼맨처럼 말이야. 자, 이렇게 전선을 연결하면……."

이룩한 박사가 두 기계를 연결하자, 기계들이 번쩍거리는 빛을 내뿜었다.

“어떤가, 김상욱 박사. 이 녀석이 어떤 이데아인지 짐작하겠나?”

“에너지가 다른 에너지로 전환된다……. 그럼 혹시 에너지 이데아라는 말씀인가요?”

이룩한 박사가 말했다.

"에너지는 다양한 형태로 존재하며 서로 전환될 수 있습니다. 놀이공원의 롤러코스터를 생각해 보죠. 롤러코스터가 위에서 아래로 떨어지면 속력이 점점 빨라집니다. 롤러코스터의 위치 에너지가 운동 에너지로 전환되면서 속력이 빨라지는 거죠. 물론 레일과의 마찰로 인해 빛이나 소리, 열에너지도 함께 발생하지만요."

김상욱 박사가 말을 이었다.

"하지만 그 과정에서 에너지 손실은 일어나지 않습니다. 위치 에너지와 운동 에너지, 열에너지 등의 총합은 변하지 않아요. 에너지는 형태를 바꿀 뿐 절대로 창조되거나 소멸되지 않거든요. 이걸 '에너지 보존 법칙'이라고 합니다."

흥, 나도 다 아는 얘기였군! 내가 아무 지식도 없이 여기까지 온 줄 알아?
대신 설명 좀 해 줘, 레드!
척
아, 하는 김에 옛날 이야기까지!
빅
옛날 이야기?
이름 : 에노스
몸길이 : 130센티미터
몸무게 : 25킬로그램
특징 : 다른 에너지를 원하는 에너지의 형태로 자유롭게 전환할 수 있다.

곧이어 레드는 김상욱 박사에게 지난 이야기를 들려주기 시작했다. 마 회장이 에노스를 만난 건 몇 년 전, 이룩한 박사가 아직 간판도 달지 않은 또만나 떡볶이 건물에 이사를 온 날이었다.

이룩한 박사가 옮기던 짐에서 통조림처럼 생긴 캔들이 쏟아졌고, 이룩한 박사는 혼비백산한 얼굴로 캔들을 주워 담았다. 중요한 물건임을 직감했던 걸까. 우연히 근처를 지나던 마 회장은 자신의 발밑까지 굴러온 캔 하나를 얼른 옷 속에 숨겼다. 그때만 해도 작은 회사의 사장에 불과했던 시절이었다.

마 회장이 레드의 이야기를 가로챘다.

“그게 바로 에노스였다, 이 말씀이야. 처음에는 괴물이라도 되는 줄 알았지만 난 포기하지 않았어. 여기저기에서 불러 모은 과학자들과 녀석을 데리고 실험을 하기 시작했지. 그러다 마침내 녀석의 쓸모를 발견했어. 녀석을 가둔 기계에 바람이나 햇빛을 쐬자 엄청난 양의 전기 에너지가 만들어진 거야! 그렇게 생산한 전기 에너지로 에너지 킹은 무한한 발전을 거듭할 수 있었지.”

마 회장은 에노스를 가리키며 말을 이었다.

"이걸 봐! 지금 에노스가 키니의 운동 에너지를 훨씬 강력한 빛에너지로 전환하고 있어! 물론 이데아들을 하나씩 놓고 봐도 죄다 쓸모 만점이고!"

안쓰러운 눈길로 에노스를 바라보던 김상욱 아저씨는 간신히 정신을 다잡았다. 아무렇지도 않은 얼굴로 차트를 들여다보는 이룩한 박사. 김상욱 아저씨의 마음은 한없이 무너져내렸다.

"당신도 마 회장 편이었군요. 납치된 게 아니었어요. 찢어져 있던 이데아 도감도 모두 당신이 꾸민 일이었나 보네요."

"오, 그건 아닐세. 나도 자네처럼 납치된 게 맞아. 납치되던 당시에는 이데아들이 다른 사람에게 이용당하게 두는 것보다 차라리 자유롭게 풀어주는 편이 낫다고 생각했어. 그래서 이데아 캔 뚜껑을 열고, 이데아 도감도 찢어 버렸지."

이룩한 박사가 차트에서 고개를 들더니 김상욱 아저씨를 응시하며 말했다.

“하지만 여기 온 뒤로 생각을 바꿨네. 초라한 분식집에 갇혀 시간을 낭비하는 것보다는 최신 장비들이 갖춰진 연구실에서 실험에 몰두하는 편이 낫지 않겠나? 잘 생각해 보게, 세상에서 이런 일을 누가 할 수 있겠나. 이데아들을 직접 다루며 실험을 한다? 이건 물리학자로서 할 수 있는 가장 위대한 일이야.”

바닥이 넘실거리며 현기증이 몰려왔다. 김상욱 아저씨는 비틀거리다가 에노스가 들어 있는 장치에 손을 얹었다. 에노스의 일그러진 얼굴이 아저씨의 눈동자에 비쳤다.

이룩한 박사는 틀렸다. 물리 이데아들을 지켜 온 날들은 한 순간도 헛되지 않았다. 그리고 아이들과 보낸 소중한 시간들도. 아이들의 발랄한 웃음소리가 여전히 귓가를 울리는 듯했다.

이데아는 개인의 이익을 위한 실험 대상이 아니다. 그들은 반드시, 안전하게 보호받아야 한다. 마 회장의 시끄러운 목소리가 김상욱 아저씨의 생각을 방해했다.

"이제 당신이 여기 온 이유를 알려 주지! 이데아들도 충분히 모았겠다, 로켓 발사까지 준비하려면 이룩한 박사만으로는 부족해. 우리 에너지 킹은 재생 에너지 개발 사업도 시작할 예정이거든."

블랙과 화이트가 김상욱 아저씨에게 잽싸게 하얀 가운을 입혔다.

“누가 물리학자 아니랄까 봐 앞치마보다 훨씬 잘 어울리는군! 실험에 필요한 장비는 얼마든지 지원해 주지.”

하지만 고분고분하게 마 회장을 따를 김상욱 아저씨가 아니었다.

“어이가 없군요. 내가 당신 같은 사람을 위해서 순순히 일할 것 같아요?”

마 회장은 그럴 줄 알았다는 듯이 입꼬리를 올렸다. 마 회장이 눈짓을 보내자 레드가 리모컨의 버튼을 눌렀다. 화면에서 에노스가 사라지고 세 아이들의 사진이 떠올랐다.

“안 하겠다? 그럼 귀여운 꼬맹이들도 무사하지 못할 텐데?”

김상욱 아저씨의 주먹에 힘이 들어갔다.

마 회장은 아저씨의 기분은 아랑곳하지 않은 채 비서들을 이끌고 출입문으로 향했다. 기분이 어찌나 좋은지 웃음이 절로 새어 나왔다. 세상의 모든 돈과 권력은 이제 자신의 것이다. 이데아들도 모두 갖추었으니 꿈꾸던 우주 진출도 식은 죽 먹기다.

반면, 김상욱 아저씨의 어깨는 기계에 갇힌 에노스처럼 축 늘어졌다. 아저씨는 눈을 질끈 감았다.

김상욱 박사의 비밀 연구 일지

3 에너지 보존 법칙

오늘의 연구 대상

에너지가 다른 에너지로 전환된다?
아무런 손실 없이 에너지가 전환된다니!

이번 기회에 에너지 보존에 대해 알아보자!

오늘의 일지

에너지는 사라지지 않아요

전등을 켜면 어두웠던 방이 금세 밝아지고, 자동차의 시동을 켜면 자동차가 빠른 속력으로 달릴 수 있습니다. 이 에너지는 어디서 갑자기 생겨난 것일까요? 에너지가 저절로 생겨난 것처럼 보여도 사실 어딘가에 있던 에너지가 다른 형태로 바뀌어 나타난 거예요. 신기하게도 에너지는 **스스로 생겨나지도, 사라지지도 않아요.**

에너지는 형태만 바꿀 뿐!

우리가 사용하는 에너지는 상황에 따라 다른 형태로 바뀌어 나타나요. 에너지의 양은 그대로인 채, 형태만 바뀌어 계속 이어지는 거예요.

전등을 켰을 때

전기 에너지
→ 빛에너지, 열에너지

유기물이 불탈 때

나무(화학 에너지)
→ 빛에너지, 열에너지

음식을 먹었을 때

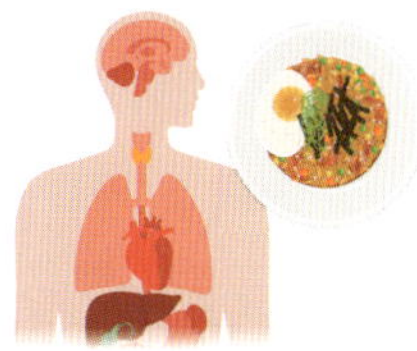

음식(화학 에너지)
→ 체온, 운동 에너지

모든 에너지의 합은 언제나 같다

우리가 쓰는 **에너지는 어떤 형태로 바뀌더라도 계속 이어지지만, 전체 양은 변하지 않는다는 것**이 바로 에너지 보존 법칙이에요.

자동차가 달릴 때는 연료 속 화학 에너지가 운동 에너지로 바뀌고, 자동차가 멈출 때는 그 에너지가 열이나 소리 에너지로 바뀌어요. 겉으로는 사라진 것 같아도 에너지는 다른 형태로 바뀌며 언제나 세상을 움직이고 있는 거예요.

연료 → 자동차의 움직임 → 열·소리

오늘의 연구 결과

에너지는 형태만 바꿀 뿐 총량은 변하지 않는다.

얘들아, 어서 날 구하러 와 줘!

4

날
찾아 줘!

'잠시 쉬어 갑니다'라는 안내판이 붙은 또만나 떡볶이 앞.

해나는 연락을 받고 온 아이들에게 김상욱 아저씨의 편지를 내밀었다.

해나의 진지한 목소리에 아이들은 편지를 다시 읽었지만, 해나가 왜 이러는지 도저히 알 수 없었다. 오히려 김상욱 아저씨를 향한 원망만 또다시 밀려들 뿐이었다.

해나가 말했다.

“혹시 볼펜이나 연필 있는 사람?”

태리가 가방에서 연필을 꺼내 주자, 해나는 편지 위의 몇몇 글자에 동그라미를 치기 시작했다.

“잘 봐. 첫 번째 줄의 첫 번째 글자 ‘날.’ 두 번째 줄의 첫 번째 글자 ‘찾’, 세 번째 줄의 첫 번째 글자 ‘아’, 네 번째 줄의 첫 번째 글자 ‘줘’. 이 글자들을 세로로 이어서 읽으면…….”

태리가 말했다.

“날 찾아 줘? 김상욱 아저씨가 우리한테 메시지를 남긴 거야? 어쩐지 이상했어. 위험한 일도 많았는데, ‘아름다웠던 추억’이라니!”

하지만 건우의 생각은 달랐다.

“겨우 이것 때문에 우리를 불렀냐? 그냥 우연이겠지! 김상욱 아저씨가 떠난 걸 못 믿겠으니까 네가 억지로 끼워 맞춘 거라고. 다들 아저씨가 찍힌 영상을 봤잖아. 이데아 캔이 든 가방을 챙겨서 자기 차를 타고 떠나는 걸!”

건우는 반박하지 못하고 입을 다물었다. 해나는 벨라 요원에게 받은 그날의 시시티브이 영상을 휴대폰으로 재생했다.

태리는 영상을 한 번 더 돌려 봤지만 결국 고개를 흔들었다.

"어디가 이상하다는 거야?"

해나는 영상을 다시 재생한 뒤 한곳을 손가락으로 가리켰다. 태리와 건우의 심장은 그제야 바닥으로 떨어졌다.

그럼 어떻게 된 거야?
이 영상은 뭔데?
뭐라고?
김상욱 아저씨를 데려간
사람들이 조작했겠지.
벨라 아줌마한테도 내가
알아낸 걸 말해 줬어.
그럼 편지는?
편지에 빨리 도와 달라고
썼으면 됐을 거 아냐!
아저씨를 데려간
사람들이 시켜서 쓴
편지겠지.
그냥 떠난다고 해야
의심하지 않을 테니까.
아저씨는 우리가 자기를 찾아 주길
바라며 암호를 남긴 거야.
누구라도
제발 눈치채 줘!
내가 더 빨리
알아챘어야
했는데.

아이들의 머릿속에 똑같은 얼굴이 떠올랐다.

우리처럼 이데아를 간절히 잡고 싶어 하는 사람. 그리고 얼마 전에 이데아를 빼앗겨 잔뜩 분노했을 사람.

블랙과 화이트가 이룩한 박사 앞에 인형 두 개를 내밀었다. 이룩한 박사는 뜬금없는 질문에 얼굴을 찡그렸다.

김상욱 아저씨가 소리를 버럭 지르자, 비서들은 입을 삐죽이며 인형들을 한쪽 테이블에 놓았다.

이룩한 박사가 말했다.

“자네가 이곳에 익숙해질 때까지는 함께 연구를 진행하지. 오랜만에 실험에 몰두할 생각을 하니 자네도 설레지 않나?”

블랙과 화이트는 쌤통이라는 듯 빙글거렸다. 더 이상 좁은 차에 앉아 또만나 떡볶이를 감시하지 않아도, 김상욱 아저씨와 꼬맹이들을 힘들게 쫓아다니지 않아도 된다. 김상욱 아저씨가 이곳에 갇힌 뒤로 마 회장의 잔소리도 훨씬 줄어들었다.

게으름 부리지 말고
빨리 시작하세요.
허튼짓하면
세 꼬맹이들을
혼내 줄 거예요.
뭐?
쾅
똑똑히 말하는데,
애들은
건드리지 마!
버럭
그만!
도대체 언제까지 싸울 건가?
이제 우리는 한 팀이야!
오늘은 중력 이데아
그라몽으로 연구를
진행하지.

김상욱 아저씨는 긴장한 얼굴로 이데아 캔 뚜껑을 열었다.

어리둥절한 표정으로 튀어나온 그라몽을 보자 아이들과의 추억이 또다시 피어올랐다. 둥둥 떠오르는 가구들과 으스스한 울음소리 때문에 유령의 집으로 알려졌던 대저택. 하지만 그 수상쩍은 현상들의 주인공은 중력을 자유롭게 다루는 이데아 그라몽이었다.

그라몽이 울음을 터뜨리기 전에 이룩한 박사는 그라몽을 얼른 장치에 집어넣었다.

이룩한 박사가 말했다.

"재생 에너지라고 하면 태양광이나 태양열, 풍력 등을 떠올리지만 중력도 훌륭한 에너지원이 될 수 있지. 중력 에너지는 우리 주변에 항상 존재하는 힘인 데다가 지형이나 기후의 제약 없이 활용할 수 있거든. 오늘은 에노스를 이용해 그라몽의 중력 에너지를……."

흐야아야앙
이데아도 많이 잡은 분인데, 좀 참신한 실험을 시켜 보세요. 재생 에너지가 뭐가 중요해요?
맞아요. 그냥 전기를 쓰면 되죠. 콘센트에서 펑펑 쏟아지는 게 전기인데.
그보단….
이게 어때요?
두둥
그라몽이랑 에노스, 누가누가 더 강한가!

김상욱 아저씨는 비서들을 보며 혀를 찼다.

"한심해서 못 들어주겠군. 마찰력을 줄이겠답시고 공에 식용유를 바를 때부터 알아봤어야 하는데."

콘센트가
벽에 달려
있으니까요.
그럼 벽 속에는
뭐가 있는데?
전선이 있겠죠!
그 전선을 끝까지
따라가다 보면….
결국 발전소가
나오겠지.

"우리나라는 원자력 30퍼센트, 화력 30퍼센트, LNG 30퍼센트, 재생 10퍼센트 정도의 비율로 전기를 만들어. 그럼 화력 발전소를 예를 들어 보자. 거기에서는 어떻게 전기를 만들까?"

"뭐…… 기계 같은 게 있겠죠."

"그렇지! '터빈'이라는 빙글빙글 돌아가는 거대한 기계 장치가 있어. 그럼 터빈은 어떻게 돌릴까?"

블랙과 화이트의 머리도 빙글빙글 돌기 시작했지만, 오랜만에 물리 이야기를 하게 된 김상욱 아저씨의 눈은 반짝였다.

화이트가 말했다.

"그만 좀 물어봐요! 전기로 돌리겠죠!"

"아니, 터빈은 석탄으로 돌려. 석탄으로 물을 끓일 때 나오는 수증기의 힘으로 터빈이 돌아가지. 그러니까 우리가 사용하는 전기는 결국 석탄에서 온 거야. 하지만 석탄은 언제 고갈될지 모르는 자원이니, 전기가 펑펑 쏟아진다는 말은 하면 안 되겠지?"

비서들은 결국 연구실을 뛰쳐나갔다.

김상욱 아저씨는 한숨을 쉬며 에노스가 갇힌 수조를 가리켰다.

“예전부터 궁금했는데 저 장치는 대체 뭐죠?”

“에노스는 그 자체만으로도 강한 녀석이야. 저 장치는 에노스의 힘을 무력화시키고, 우리가 원하는 대로 움직이게 해 주지.”

“그래서 저 안에만 들어가면 얌전해지는군요.”

저 장치를 부순다면 어떤 일이 벌어질까.

기력을 되찾은 에노스는 분노로 날뛸 것이다. 그 사이에 이곳에서 탈출할 수는 없을까.

다른 이데아들의 도움을 받는 것도 방법이다. 그들이 도와준다면 이곳 사람들을 한 번에 제압할 수 있을 테니까.

하지만.

그 전에 이데아들이 김상욱 아저씨부터 공격할지도 모른다. 그들을 이데아 캔에 가둔 사람이 바로 아저씨니까.

그렇다면 이대로 연구실에 갇힌 채 마두식 회장을 위해서 일해야 하나.

김상욱 아저씨는 생각했다.

포기하지 말자. 아무것도 하지 않으면 아무 일도 일어나지 않아.

이룩한 박사가 김상욱 아저씨의 어깨에 손을 올렸다.

"시간이 너무 지체됐군. 이제 실험을 시작하지."

김상욱 박사의 비밀 연구 일지

④ 전기 에너지는 어디에서 올까?

오늘의 연구 대상

블랙과 화이트의 말을 믿는 건 아니지?
전기는 절대 콘센트에서 펑펑 쏟아지는 게 아니야!

전기 에너지는 어디에서 올까?

오늘의 일지

우리 집의 전기 에너지는 어디에서 왔을까?

우리가 가장 익숙한 에너지는 전기 에너지예요. 여러분은 전기 에너지가 도대체 어디에서 온 것인지 혹시 알고 있나요?

흔히 우리는 방 안의 콘센트에서 전기가 나온다는 착각을 하기도 해요. 하지만 콘센트도 혼자서 전기를 만들지는 못하죠. 어쩌면 전기는 우리의 생각보다 훨씬 먼 곳에서 기나긴 여정을 거쳐 온 것일지도 몰라요. 전기의 여정을 뒤따라가 봅시다.

전기의 여행①

콘센트가 있는 벽 안에는 전선이 있어요. 이 전선들은 모두 송전탑에 연결되어 있죠. 송전탑을 따라가면 거대한 발전소가 나와요.

발전소에서는 전기를 만들기 위해 물을 끓여 나온 뜨거운 수증기로 거대한 터빈을 돌려요. 물을 끓이기 위해서는 주로 석탄을 태우죠. 이때 **석탄에 저장되어 있던 화학 에너지가 터빈의 운동 에너지로, 그리고 전기 에너지로 바뀌는 것**이죠. 그렇다면 석탄은 도대체 어디에서 왔을까요?

콘센트

송전탑

터빈

전기의 여행②

석탄은 아주 오래 전에 살던 식물들이 땅속 깊은 곳에서 긴 세월 동안 압력과 열을 받아 만들어진 자원이에요. 식물들이 자랄 수 있었던 이유는 바로 태양의 햇빛 덕분이죠. 태양 속에서는 수소 원자들이 합쳐지는 '핵융합'이라는 반응이 일어나 엄청난 양의 빛과 열이 만들어져요. 이렇게 만들어진 에너지가 지구까지 도착하는 거예요. 결국 **태양의 핵융합 에너지가 식물을 거쳐 석탄 속에 저장되었다가, 오늘날 우리가 쓰는 전기 에너지의 근원**이 되는 셈이죠.

석탄

식물

태양

오늘의 연구 결과

전기는 태양에서 시작된다.

에노스를 구하기 위해 뭐라도 해야 할 텐데!

5

우리 꼭
다시 만나요

해나가 편지의 암호를 풀었던 다음 날.

오랜만에 또만나 떡볶이 가게에 모인 아이들 앞에서 벨라 요원이 입을 뗐다.

"이데아 수호 협회 사람들이 분석해 본 결과, 그날의 시시티브이 영상은 조작된 걸로 밝혀졌어. 예전에 찍혔던 영상으로 바꿔치기한 거지. 김상욱 박사님의 차는 외진 곳에서 발견됐어. 내가 더 꼼꼼히 살폈어야 하는데, 미안하다."

벨라 요원의 입에서 가느다란 한숨이 새어 나왔다.

"요즘 들어 너희한테 사과할 일이 늘어나는구나. 박사님이 편지에 남긴 암호도 내가 먼저 발견했어야 하는데."

태리가 말했다.

"김상욱 아저씨를 데려갈 만한 사람은 이 세상에 한 명밖에 없어요."

건우가 말했다.

"마두식 회장이죠! 그 아저씨가 이데아들까지 훔쳐 간 거예요!"

벨라 요원은 어두운 표정을 감추며 선글라스를 추어올렸다.

김상욱 박사님은 과연 어디에 붙잡혀 있을까. 에너지 킹 건물은 아닐 것이다. 많은 사람들이 드나드는 곳인 만큼 발각될 위험이 크니까. 다른 비밀 장소에 갇혀 있다면, 마 회장이 비서들과 함께 김상욱 박사님을 가끔이라도 들여다보러 갈 것이다.

벨라 요원은 의자에서 몸을 일으켰다.

"우선 김상욱 박사님의 정확한 위치를 파악해야 해. 새로운 정보를 알게 되면 연락할게."

벨라 요원은 비장한 얼굴로 다시 한 번 선글라스를 추어올렸다.

햇빛 공원 한쪽에 위치한 광장에는 오늘따라 수많은 사람들이 모여 있었다. 평소에는 시커먼 속내를 숨긴 채 환경 운동가로도 활동하는 마 회장이 오늘은 에너지 절약 캠페인에서 연설을 하기로 되어 있었다.

가을답지 않게 무더운 날씨에도 햇빛 마을 주민과 여러 환경 단체 회원들은 '아끼면 행복해요!'라고 적힌 티셔츠를 입고 다양한 표어가 담긴 피켓을 든 채 마 회장을 기다리고 있었다.

사람들 앞에 설 때만 입는 허름한 양복을 걸친 마 회장이 드디어 연단에 올랐다. 마 회장이 사람들을 향해 손을 흔들자 햇볕만큼이나 뜨거운 박수가 쏟아졌다. 곧이어 마 회장의 목소리가 광장에 울려 퍼졌다.

"에, 그러니까…… 일상에서 가장 중요한 에너지는 전기 에너지입니다. 전기 없이 살 수 있는 현대인이 어디 있겠습니까! 하지만 전기는 공짜가 아니에요, 여러분! 전기는 창조될 수 없습니다. 다른 에너지를 전환해서 만들어야 하거든요."

마 회장은 김상욱 아저씨를 들들 볶아 쓰게 한 연설문을 다시 읽기 시작했다.

"일상생활 속에서도 낭비되는 에너지가 많습니다. 에어컨 설정 온도는 26도로 맞추시고, 쓰지 않는 플러그는 꼭 뽑아 둡시다. 세탁기도 빨랫감을 최대한 모았다가 한 번에 돌리세요!"

연설을 마친 마 회장은 땀을 쏟으며 연단에서 내려왔다. 세 비서들이 곧바로 마 회장을 에워쌌다.

그때였다. 주변 사람들과 같은 단체 티셔츠를 입은 한 여자가 마 회장을 향해 달려왔다.

블랙은 여자를 힘껏 째려본 뒤, 마 회장의 뒤를 따랐다. 그들의 모습이 완전히 사라지자, 여자는 땅에 떨어진 커피 컵을 조용히 집어 들었다.

며칠 뒤, 학교 수업을 마친 아이들은 또만나 떡볶이로 향했다. 미리 와 있던 벨라 요원은 가게 문을 잠근 뒤, 노트북 컴퓨터를 켰다. 화면에 펼쳐진 지도 한가운데에 빨간 점이 떠 있었다.

벨라 요원이 차분히 말을 이었다.

"하지만 외부 행사 시간을 제외하고는 언제나 에너지 킹 건물에 머물러 있어. 아무리 생각해도 김상욱 박사님은 그 건물 어딘가에 갇혀 있는 것 같아."

태리의 눈이 휘둥그레졌다.

"그 안에 감옥이라도 있는 거예요?"

"워낙 큰 건물인 만큼 외부인에게 알려지지 않은 비밀 공간이나, 네 말대로 감옥 같은 곳이 있을 수도 있겠지. 이제부터 본격적으로 김상욱 박사님 구출 작전을 시작할 거야. 곧 박사님을 구할 테니 너희는 한시름 놓아도 돼."

벨라 요원은 아이들의 흔들림 없는 눈동자를 바라봤다.

김상욱 아저씨를 직접 구하고 싶은 마음은 이해한다. 하지만 아이들이 다치기라도 한다면 자신을 더 이상 용서할 수 없을 것이다.

해나가 말했다.

"김상욱 아저씨가 에너지 킹 건물에 붙잡혀 있다면 경비도 훨씬 삼엄하겠죠. 어른들끼리 들어가서 돌아다니면 금세 들킬걸요?"

건우가 손가락을 흔들었다.

"아니지. 입구에서부터 쫓겨날걸?"

아이들은 생각에 잠겼지만, 답을 찾아내기까지 오랜 시간이 걸리지는 않았다.

태리가 자신 있는 미소를 머금은 채 말했다.

"김상욱 아저씨가 예전에 이런 말을 하셨어요."

"무슨 말?"

"언제나 다른 방법이 있다고요!"

다음 날, 세 아이들은 1교시가 끝나자마자 마 회장의 조카 솔비가 있는 반으로 향했다. 운동회에서 패배했던 씁쓸한 기억을 간직한 솔비. 한창 휴대폰 게임 중이던 솔비는 아이들을 보자마자 인상을 찌푸렸다.

"쉬는 시간에는 다른 반에 오면 안 되는 거 몰라? 선생님한테 이르기 전에 빨리 나가!"

누가 마 회장의 조카가 아니랄까 봐, 솔비는 아이들을 향해 맹렬하게 쏘아붙였다. 하지만 아이들은 김상욱 아저씨를 떠올리며 애써 마음을 다잡았다.

태리와 해나가 두 손을 모은 채 다정하게 말을 건넸다.

솔비는 휴대폰을 내려놨다. 그러고는 의자에 등을 기대며 거만하게 웃었다.

"그래서 이렇게 부탁하는 거잖아. 운동회 날에 보니까 마두식 아저씨가 널 진짜 예뻐하시던데. 네가 삼촌한테 우리 얘기 좀 잘해 주면 안 될까?"

솔비의 날카로운 물음에 해나의 예리한 시선이 의자에 걸린 솔비의 책가방을 훑었다. 반쯤 열린 책가방에는 학원 문제집들이 빽빽이 들어차 있었다.

해나가 말했다.

"일주일 동안 네 학원 숙제 대신 해 줄게. 하나도 안 틀리고, 완벽하게."

솔비의 눈동자가 흔들렸다.

태리는 얼른 주머니에서 티켓을 꺼냈다.

"'더 플로라' 좋아해, 솔비야? 다음 달에 열릴 콘서트 티켓이야. 더 플로라의 리더 로즈가 사실 내 사촌 언니거든."

더 플로라. 소리 이데아 하니 때문에 콘서트를 망칠 뻔했던 걸그룹. 엉망진창인 노래 실력을 자랑했지만, 그날 이후로 연습에 매달린 덕분에 이번 미니 앨범은 나오자마자 차트 1위를 달리고 있었다.

일찌감치 매진된 티켓을 본 솔비의 눈썹이 꿈틀거렸다.

얘들이 도대체 왜 이러는 걸까. 숙제도 대신해 주고, 콘서트 티켓까지 내밀 정도로 과학을 좋아하나.

하지만 만만한 솔비가 아니었다. 솔비의 의심스러운 눈길이 건우를 훑었다.

"넌 뭘 해 줄 건데?"

건우가 솔비의 휴대폰을 가리켰다.

"너 아까 게임하고 있었지? 나도 그 게임 좋아하는데, 지금까지 모은 아이템 너한테 다 줄게. 내가 다른 건 몰라도 게임은 진짜 열심히 했거든."

솔비의 표정에는 아무 변화가 없었다. 세 아이들은 초조한 눈길로 솔비를 흘끔거렸다.

잠시 후.

솔비는 마침내 허리를 똑바로 세우고 휴대폰을 들었다.

전화를 끊은 솔비는 메모지에 자신의 게임 아이디를 적어 건우에게 건넸다. 책가방에서 꺼낸 문제집들은 해나의 품에 넘겼다. 그리고 마지막으로 태리의 손에서 콘서트 티켓을 낚아챘다.

김망욱 박사의 비밀 연구 일지

5 에너지 절약

오늘의 연구 대상

진심으로 하는 말은 아니겠지만
마 회장의 연설대로 에너지는 꼭 절약해야 해.

에너지는 왜 절약해야 할까? 어떻게 절약할 수 있을까?

오늘의 일지

에너지는 '공짜'?

우리는 에너지가 얼마나 소중한지 잘 느끼지 못할 때가 많아요. 버튼 하나만 누르면 전등이 켜지고, 콘센트만 꽂으면 전자기기가 작동하니까요. 하지만 우리가 쓰는 에너지는 결코 저절로 만들어지는 것이 아니에요. 우리가 편하게 쓰는 **에너지는 모두 지구가 준 소중한 선물**이라는 것을 기억해야 해요.

에너지를 많이 쓰면 어떤 일이 생길까?

우리는 사용할 에너지를 만들기 위해 보통 석탄·석유 같은 연료를 태워요. 하지만 우리가 에너지를 너무 많이 쓰면 연료는 빨리 줄어들고, 연료를 태울 때 나오는 이산화탄소 때문에 지구의 온도가 점점 올라가요. 즉, **에너지를 많이 쓴다는 건 자원을 빠르게 소모하고 지구를 더 뜨겁게 만드는 일**이에요.

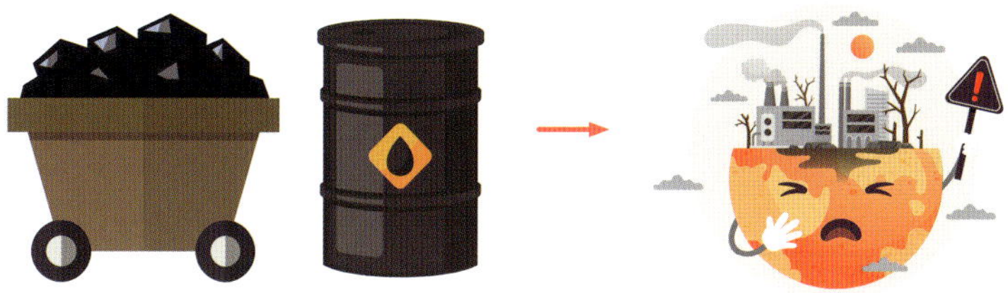

작지만 큰 변화

생활 속에서 에너지를 절약하는 방법을 알아볼까요?

집에서 할 수 있는 절약

- 방에서 나올 때 불 끄기
- 스위치가 있는 멀티탭 사용하기
- 냉장고 문은 오래 열어 두지 않기

여름철·겨울철 에너지 절약

- 여름에는 선풍기와 에어컨 함께 사용하기
- 겨울에는 옷을 한 겹 더 입고 난방 줄이기
- 창문 틈을 막아 열이 새지 않게 하기

오늘의 연구 결과

에너지 절약이 지구를 살린다!

6

위험 속으로 한 걸음

토요일 아침 9시. 아이들은 벨라 요원의 트럭 안에서 긴장한 마음을 애써 가라앉히고 있었다. 아이들은 벨라 요원이 나눠 준 야구모자와 마스크로 얼굴을 가렸다.

한 치 앞도 예측할 수 없는 상황. 이번엔 벨라 요원도 아이들의 엄마로 변장했다. 하지만 벨라 요원이 선글라스를 벗은 모습을 본 아이들의 입에서는 어쩔 수 없는 웃음이 새어 나오고 있었다.

벨라 요원은 길 맞은편에 주차된 검은 승합차 쪽으로 눈길을 돌렸다. 아이들에게 위험한 일이 생기면 이데아 수호 협회 요원들이 바로 투입될 예정이다. 하지만 협회의 존재가 외부에 알려지는 것보다는 벨라 요원과 아이들이 김상욱 아저씨를 무사히 구출하는 게 최선이다.

벨라 요원이 아이들의 주의를 집중시켰다.

"견학 프로그램이 시작되면 상황을 봐서 슬쩍 빠져나오자. 마두식 회장은 11시부터 외부 일정이 있어서 곧 비서들을 데리고 에너지 킹 건물을 떠날 거야."

해나가 손을 들었다.

"하지만 김상욱 아저씨가 어디 갇혀 있는지 모르잖아요. 저렇게 넓은 건물을 언제 다 뒤져요?"

벨라 요원이 하얗고 커다란 종이를 펼쳤다.

"내부 스파이에게 입수한 건물 도면이야. 지하는 직원들이 이용하는 식당과 편의시설, 1층은 로비, 2층에 너희가 견학할 에너지 견학관이 있지. 회장실은 건물 꼭대기인 25층이야. 이건 25층의 평면도인데, 혹시 이 공간에서 이상한 점이 보이니?"

아이들은 평면도 위로 얼굴을 들이밀었다. 꽤 넓은 면적을 차지하고 있는 층인데도 회장실이라고 적힌 정사각형 옆 공간에는 아무 표시도 되어 있지 않았다. 심지어 창문과 문을 뜻하는 도면 기호조차 없었다.

태리가 빈 공간을 가리켰다.

“여긴 왜 아무것도 안 그려져 있을까요? 창고 같은 건가?”

해나가 말했다.

“회장실 옆에 창고를 만들지는 않겠지. 전체 넓이에 비해 회장실도 너무 작아. 마두식 아저씨는 커다란 방을 좋아할 텐데.”

건우가 별일 아니라는 듯이 벨라 요원에게 말했다.

“옛날 평면도라서 그런 거 아니에요? 나중에 다시 공사를 했겠죠.”

“이 건물을 지을 때 일했던 회사에 연락했더니, 이 공간은 무조건 비워 두라고 했대. 하지만 이 공간을 다시 공사했다는 사람들은 도저히 찾을 수 없었어.”

벨라 요원과 아이들은 에너지 킹 건물로 들어갔다. 명성에 걸맞게 세련되고 깔끔하게 꾸며진 건물이었다. 통유리창에서 쏟아지는 햇빛 덕분에 2층은 밝고 화사한 분위기를 자아냈고, 보호자와 함께 온 아이들의 목소리로 곳곳이 떠들썩했다.

안내를 맡은 남자 직원은 인원을 확인한 뒤, 에너지 견학관 안으로 사람들을 안내했다. 세 아이들은 김상욱 아저씨를 찾아야 한다는 임무도 잠시 잊은 채 입을 벌렸다. 끝도 보이지 않는 공간에 신기한 기계 장비들과 커다란 모니터들이 곳곳에 설치되어 있었다.

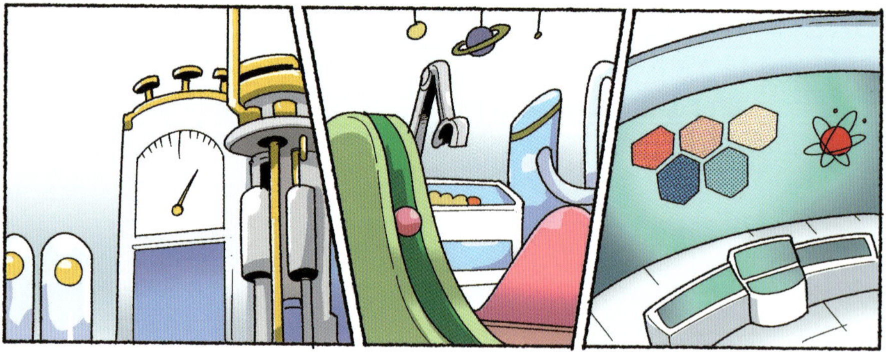

직원이 말했다.

"지금부터 다양한 체험 전시물을 통해 에너지에 대한 모든 지식을 쉽고 재미있게 배울 거예요. 에너지 킹은 로켓을 바탕으로 우주 진출 사업을 추진 중이지만, 미래 세대를 위한 재생 에너지 개발에도 최선을 다할 예정입니다."

벨라 요원이 아이들에게 속삭였다.

"의심받지 않게 일단 열심히 참여하자."

직원은 둥그런 트램펄린이 있는 곳으로 사람들을 데려갔다. 트램펄린 아랫부분에는 트럼펫처럼 생긴 관이 달려 있었고, 관의 입구 쪽에는 용도를 알 수 없는 장치가 놓여 있었다.

"이곳에서 배울 '에너지'란 일을 할 수 있는 능력을 말해요."

태리와 해나, 건우가 손을 들었다. 곧이어 아이들은 운동화를 벗고 트램펄린 위로 올라갔다.

“관의 입구 쪽에 있는 장치가 화력 발전소에도 있는 ‘터빈’ 역할을 할 겁니다. 여러분이 뛸 때 나오는 공기가 터빈의 날개를 돌릴 거예요. 자, 신나게 뛰어 보세요!”

아이들은 트램펄린 위에서 힘차게 뛰기 시작했다. 탄성 있는 트램펄린 매트가 아이들의 몸을 위로 쭉쭉 밀어 올려 주었다. 하지만 터빈의 날개는 신통치 않게 돌아갔다.

아이들은 천장을 뚫고 날아가겠다는 마음으로 더 열심히 뛰었다. 곧 터빈의 날개가 힘차게 돌아가기 시작했다.

잠시 후, 아이들은 후들거리는 다리를 끌고 아래로 내려왔다.

"여러분의 에너지가 공기의 운동 에너지로 전환되고, 다시 터빈의 회전 운동 에너지로 바뀌는 모습을 보셨습니다. 이처럼 에너지는 형태를 바꿀 뿐 창조되거나 소멸되지 않습니다."

직원은 다른 쪽으로 사람들을 데려가며 말했다.

"우리가 쓰는 전기도 원자력이나 석탄 같은 다른 에너지로부터 변화해 만들어진 것이죠."

해나가 손을 들었다.

“원자력은 엄청 위험하지 않아요? 원자 폭탄도 있잖아요.”

“맞아요. 원자력은 사고가 나면 큰 재앙이 벌어질 수 있고, 석탄은 기후 위기를 일으키죠. 그래서 에너지 킹이 재생 에너지 개발을 준비 중인 것입니다.”

“재생 에너지가 뭐예요?”

“재생 에너지는 태양광, 풍력, 수력처럼 자연에서 얻은 에너지예요. 재생 에너지는 석탄이나 석유 같은 화석연료처럼 고갈될 염려가 없죠.”

사람들은 직원의 안내에 따라 극장처럼 생긴 공간에 앉았다. 널찍한 화면에서 탄소 배출 없는 친환경 도시를 그린 애니메이션이 재생됐다. 에너지 킹 건물 지붕에는 태양광 패널이 반짝였고, 도시 곳곳에는 공원과 숲이 꾸며져 있었다. 그리고 도로에는 매연을 뿜어내지 않는 전기 버스와 수소차가 달리고 있었다.

사람과 자연이 어우러져 살아가는 풍경에 아이들도 흠뻑 빠져들려는 순간, 벨라 요원이 아이들의 팔을 흔들었다.

벨라 요원과 아이들은 견학실을 빠져나왔다. 관람객들로 북적였던 2층은 이제 조용했다. 그들은 회장실로 가기 위해 엘리베이터에 탔다. 도면에서 본 것처럼 건물은 25층까지 있었다. 하지만 25층 버튼을 아무리 눌러도 불이 들어오지 않았다.

벨라 요원과 아이들은 어쩔 수 없이 24층에서 내렸다. 24층에는 에너지 킹의 고위 간부들이 업무를 보는 방들이 모여 있었다. 그들은 복도를 지나다니는 사람들의 눈을 피해 계단이 있는 곳으로 살금살금 걷기 시작했다.

얼마나 복도를 헤맸을까. 벨라 요원과 아이들은 마침내 발견한 계단을 통해 25층에 도착했다. 하지만 역시나 25층으로 들어가는 문은 굳게 잠겨 있었다.

'외부인 출입 금지'라고 적힌 안내판 밑에 지문 인식기가 보였다.

벨라 요원은 씨익 하고 웃더니 메고 있던 가방에서 작은 파우치를 꺼냈다. 그러고는 자신의 오른손 검지에 부드럽고 투명한 막을 씌웠다.

벨라 요원이 지문 인식기에 검지를 대자 초록색 불이 들어오며 문이 열렸다.

벨라 요원은 시계를 확인한 뒤 말을 이었다.

"마 회장과 비서들은 외부 행사 때문에 자리를 비웠을 거야. 언제 돌아올지 모르니 빨리 김상욱 박사님을 찾아보자."

25층 복도에는 아무도 보이지 않았다. 그리고 다행히 회장실 문도 잠겨 있지 않았다. 회장실 안으로 들어간 아이들의 입에서 헛웃음이 터졌다.

방 안은 검소한 환경운동가의 이미지와 어울리지 않는 온갖 호화로운 장식품들로 가득했다. 한쪽 벽에는 마 회장의 초상화까지 걸려 있었다.

벨라 요원의 지시를 따라 아이들은 방 곳곳으로 흩어졌다. 벽을 밀고, 두드리고, 장식장 뒤로 얼굴을 들이밀기도 했지만, 김상욱 아저씨가 갇혀 있을 만한 비밀 공간은 나오지 않았다.

평면도가 잘못됐던 걸까. 벨라 요원은 입술을 초조하게 깨물었다. 하지만 마 회장과 비서들은 대부분의 시간을 이 건물에서 보냈다. 외출했던 곳은 모두 예정되어 있던 공식 행사 자리뿐이었다.

태리가 말했다.

"혹시 마 회장이 아니라 다른 사람이 김상욱 아저씨를 데려간 건 아닐까요?"

해나가 말했다.

"아니면 25층이 아니던가요."

그때, 이어폰에서 밖에 있던 이데아 수호 협회 요원의 목소리가 들렸다.

"행사가 취소돼서 마 회장 일행이 돌아오고 있대. 일단 나가서 다른 곳을 찾아보자."

건우는 마 회장의 초상화를 짜증스럽게 노려봤다. 이대로 얌전히 나가긴 억울하다. 지금까지 모은 게임 아이템은 물론, 쌓아 온 보상까지 모조리 솔비에게 넘겨줬는데.

건우는 책상에 있던 매직펜을 집었다.

해나와 태리가 질색하며 소리쳤다.

"야, 김건우!"

"너 미쳤어? 뭐 하는 거야!"

건우는 초상화에 그려진 마 회장의 이빨을 검은 매직펜으로 마구 칠했다. 그 순간, 딸깍 소리가 나더니 초상화 옆에 있던 벽이 움직이기 시작했다.

벨라 요원과 아이들은 눈앞에서 움직이는 벽을 멍하니 바라봤다.

길고 어두운 통로가 그들을 기다리고 있었다.

6 재생 에너지란?

오늘의 연구 대상

에너지 킹도 재생 에너지 개발에 힘쓰고 있나 봐!
에너지 킹도 이렇게 애쓰고 있다니….

재생 에너지란 무엇일까?

오늘의 일지

다시 돌아오는 에너지

태양은 매일 아침 떠오르고, 바람은 멈추지 않고 불고, 강물도 계속 흘러가요. 이런 에너지는 **우리가 아무리 써도 자연 속에서 다시 채워지는 특별한 에너지**예요. 이처럼 자연이 스스로 만들어내고 다시 돌아오는 에너지를 재생 에너지라고 부른답니다. **재생 에너지는 자연을 해치지 않으면서 오래오래 쓸 수 있어서 더 소중한 에너지**예요.

재생 에너지의 종류

재생 에너지는 태양, 바람, 물처럼 자연이 계속 공급해 주는 에너지예요.

햇빛을 전기로 바꾸는 에너지

바람으로 터빈을 돌려 만드는 에너지

높은 곳에서 떨어지는 물의 힘을 이용한 에너지

땅속 깊은 곳의 뜨거운 열에서 얻는 에너지

식물·음식물 같은 생물 자원에서 얻는 에너지

파도나 밀물·썰물의 움직임을 이용해 얻는 에너지

왜 재생 에너지가 중요할까?

석탄이나 가스 같은 화석연료는 사용할 때 발생하는 물질들이 지구를 뜨거워지게 한다는 문제가 있어요. 하지만 재생 에너지는 자연이 계속 보내주는 에너지이기 때문에 다음 세대도 함께 사용할 수 있어요. 미래에는 더 많은 나라와 사람들이 재생 에너지를 사용하게 될 거예요. **지구를 지키면서 에너지를 얻는 가장 좋은 방법**이기 때문이죠.

오늘의 연구 결과

화석연료 대신 재생 에너지를 사용하자!

이 통로는 어디로 이어질까?

7

조금만 기다려요, 아저씨!

김상욱 아저씨는 며칠 동안 열심히 일했다. 의심을 사지 않기 위해 이곳에 있는 어느 누구보다 더. 이룩한 박사도 이제는 경계심을 조금 늦춘 것 같았다.

김상욱 아저씨가 차트를 들여다보며 진지하게 말했다.

"오늘부터는 연구를 나눠서 진행하면 어떨까요? 이룩한 박사님은 로켓 발사 준비 때문에 바쁘시니까요. 에너지 킹은 재생 에너지 개발에도 관심이 있다고 하셨는데, 저도 무척 중요한 연구라고 생각합니다. 그래서 에노스와 빛 이데아 루그를 이용해 실험을 진행하고 싶습니다. 루그의 빛에너지를 에노스가 전기 에너지로 전환해 준다면 효율이 훨씬 뛰어난 태양광 패널을 만들 수 있을 거예요."

말을 마친 김상욱 아저씨는 침을 꿀꺽 삼키며 이룩한 박사의 대답을 기다렸다.

이룩한 박사는 김상욱 아저씨를 물끄러미 바라봤다. 아저씨의 등에서 굵은 땀이 흘러내렸다.

곧 이룩한 박사의 대답이 돌아왔다.

"태양광 패널은 햇빛을 받아서 전기로 바꿔 주지. 하지만 에너지 효율이 떨어지는 경우가 많으니 해 볼 만한 실험이군. 진행 상황은 틈틈이 보고하도록."

이룩한 박사는 체격이 건장한 경비에게 눈짓을 보낸 뒤 다른 쪽으로 걸음을 옮겼다. 근처로 다가온 경비는 김상욱 아저씨에게 매서운 시선을 고정했다. 김상욱 아저씨는 에노스가 늘어져 있는 수조를 바라보다가 차갑게 말했다.

"지금부터 에노스와 루그를 이용해 연구를 시작할 겁니다. 이데아 캔들을 모두 준비해 주세요."

경비는 이데아 캔들이 든 보관함을 가지러 자리를 비웠다. 연구실 곳곳에 흩어져 있는 과학자들은 저마다 자신의 일에 몰두해 있었다. 김상욱 아저씨는 쿵쾅거리는 심장 박동을 느끼며 수조 가까이 걸어갔다. 그리고 주변을 재빨리 살핀 뒤, 수조 장치의 전원을 껐다. 다행히도 겉으로는 아무 일도 일어나지 않은 것처럼 보였다.

몇 분쯤 지났을까.

에노스의 눈꺼풀이 열렸다. 팔다리도 물속을 힘없이 흐느적거리기 시작했다. 김상욱 아저씨는 이마에 맺힌 땀을 닦으며 안도의 한숨을 쉬었다.

조금만 기다려, 에노스. 여기에서 꺼내 줄게. 하지만 너도 나를 도와줘야 해.

경비가 이데아 캔들이 든 보관함을 가지고 돌아왔다. 김상욱 아저씨는 눈을 감고 지금까지 잡았던 이데아들을 떠올렸다. 겁이 많은 이데아도, 포악한 이데아도, 귀엽고 사랑스러웠던 이데아도 있다. 수조의 전원을 끄긴 했지만 에노스가 기운을 차리려면 시간이 걸린다. 다른 이데아의 도움이 절실히 필요하다.

과연 어떤 이데아가 우리를 도와줄까.

긴장 때문인지 머릿속이 제대로 돌아가지 않았다. 김상욱 아저씨의 초조한 시선이 주변을 훑었다. 그때 연구실 테이블에 비서들이 두고 간 인형들이 보였다. 견학 온 아이들에게 기념품으로 주기 위해 블랙과 화이트가 준비한 인형들이었다.

김상욱 아저씨는 경비를 향해 목소리를 높였다.

"뭐 하세요? 루그도 연구에 쓴다고 했잖습니까. 루그를 담을 장치도 준비해 주세요."

경비가 툴툴거리며 연구실 한쪽으로 걸어갔다. 김상욱 아저씨는 열 이데아 히트랩터가 든 이데아 캔을 재빨리 꺼냈다. 그리고 시계 반대 방향으로 뚜껑을 돌렸다.

엄청난 빛과 함께 히트랩터가 모습을 드러냈다. 지금까지 포획했던 이데아들 중 가장 덩치가 크고 사나웠던 녀석. 히트랩터를 본 과학자들 사이에서 비명이 터졌다.

오랜만에 세상 밖으로 나온 히트랩터. 녀석은 부리부리한 눈으로 주변을 살폈다. 김상욱 아저씨는 에노스가 담긴 수조를 가리켰다.

김상욱 아저씨를 발견한 히트랩터의 표정이 일그러졌다. 자신을 이데아 캔에 넣은 사람의 부탁을 선뜻 들어줄 리가 없었다. 히트랩터는 김상욱 아저씨를 노려보며 사납게 으르렁거렸다.

히트랩터의 시선이 수조에 멈췄다. 어쩌면 귀여운 인형도, 자유를 준다는 약속도 필요 없었을지 모른다. 자신과 같은 이데아가 괴상한 장치에 갇혀 있었으니 말이다.

히트랩터가 수조를 향해 돌진하며 숨을 내뿜자 수조가 엄청난 열기에 녹아내렸다. 수조가 부서지며 안에 들어 있던 용액이 쏟아졌다.

연구실에 있던 과학자들은 출입문을 향해 정신없이 도망쳤다. 경비들이 빈 이데아 캔을 들고 히트랩터와 에노스를 향해 뛰어갔다.

김상욱 아저씨가 경비를 향해 몸을 던졌다. 셋은 함께 바닥에 나동그라졌다. 먼저 몸을 일으킨 경비가 김상욱 아저씨를 향해 주먹을 들어 올렸다.

“박사님을 건드리지 마!”

누군가의 강력한 발차기에 경비는 맥없이 쓰러졌다. 김상욱 아저씨는 깜짝 놀란 눈으로 자신을 구해준 사람을 올려다봤다.

벨라 요원은 자신을 향해 달려드는 경비들을 하나씩 제압했다. 김상욱 아저씨와 아이들의 눈이 마주쳤다. 이번에는 아이들이 김상욱 아저씨를 향해 몸을 던졌다.

재회의 기쁨은 길지 않았다. 상황을 파악한 이룩한 박사가 히트랩터를 향해 이데아 캔을 들이댔다. 짧은 세상 구경을 마친 히트랩터는 다시 이데아 캔으로 빨려 들어갔다.

김상욱 아저씨가 벨라 요원을 붙잡으며 말했다.

"저 사람은 우리 편이 아니에요. 자세한 이야기는 나중에 하죠. 우선 이데아 캔들을 가지고 여기에서 도망쳐야……."

"아니, 이게 다 무슨 꼴이야!"

엉망이 된 연구실에 마 회장과 비서들이 모습을 드러냈다.

마 회장은 몸을 일으킨 에노스를 보고 손가락을 휘둘렀다.

비서들의 시선이 바닥에 널브러진 빈 이데아 캔에 꽂혔다. 블랙과 화이트가 달려갔지만 벨라 요원이 그들 앞을 막아섰다. 벨라 요원의 놀라운 무술 실력에 둘은 금세 나가떨어졌다. 보다 못한 레드가 나섰다.

벨라 요원과 레드가 치열한 대결을 벌이는 동안, 에노스의 분노에 찬 눈길이 마 회장을 향했다. 지금까지 자신을 비좁은 수조에 가둬 두고 온갖 실험으로 괴롭힌 사람. 에노스가 천장에 달린 환한 전등을 노려보자 에노스의 눈이 태양처럼 밝게 타올랐다.

마 회장이 고래고래 소리를 지르며 도망쳤다. 전등의 빛에너지를 전기 에너지로 전환한 에노스는 눈에서 빔을 쏘며 마 회장을 쫓았다. 빔에 맞은 기계들에서 불꽃이 피어오르며 불이 붙기 시작했다. 매캐한 연기가 연구실을 덮쳤다. 곧이어 요란한 화재경보기 소리가 건물 전체를 뒤흔들 듯 울려 퍼졌다.

김상욱 아저씨는 옷소매로 코와 입을 가린 채 보관함이 있던 곳으로 갔다. 하지만 보관함은 어디에도 없었다.

김상욱 아저씨가 찾던 보관함을 들고 있는 이룩한 박사가 말을 이었다.

"더 원대한 목표를 위해 나아갈 수도 있었을 텐데."

"안 돼!"

김상욱 아저씨가 출입문 너머에 선 이룩한 박사를 향해 달려갔다. 이룩한 박사가 리모컨의 버튼을 누르자 문이 닫혔다. 한층 자욱해진 연기 속에서 안내 음성이 흘러나왔다.

연구실은 강제 폐쇄되었습니다.

그때였다. 쨍그랑 소리와 함께 창문이 깨지며 누군가 모습을 드러냈다.

이데아 수호 협회의 특수 요원들은 아이들과 김상욱 아저씨, 벨라 요원을 옥상으로 차례대로 구조했다.

옥상에는 헬리콥터가 큰 프로펠러 소리를 내며 기다리고 있었고, 아래를 내려다보니 소방차 여러 대가 건물을 향해 달려오고 있었다.

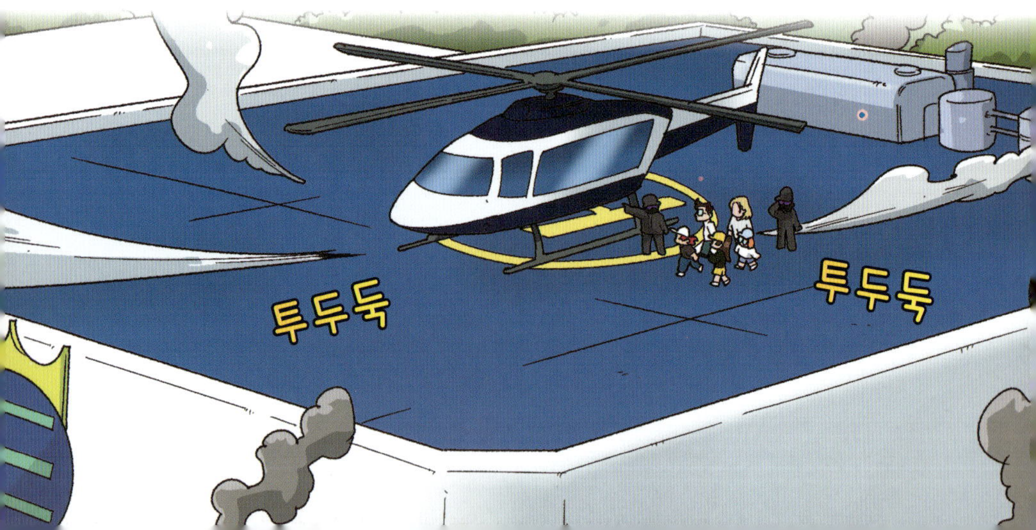

정신없는 상황 속에서 태리가 김상욱 아저씨의 팔을 잡았다.

"마두식 아저씨랑 비서들도 구해야 해요!"

김상욱 아저씨가 벨라 요원에게 눈짓을 보냈다. 곧이어 특수 요원들은 마 회장과 비서들도 무사히 옥상으로 데려왔다.

기침을 쿨럭이는 마 회장에게 김상욱 아저씨가 물었다.

"에노스는 어딨죠?"

"나도 몰라! 문을 부수고 도망쳤어! 이게 다 당신 때문이야!"

벨라 요원의 목소리가 헬리콥터 바람 소리를 뚫고 들려왔다.

"이 사람들은 소방대가 구조할 거예요. 우리 먼저 피하죠."

김상욱 아저씨와 아이들은 헬리콥터에 몸을 실었다. 헬리콥터가 거센 바람을 일으키며 옥상 위로 떠올랐다. 김상욱 아저씨는 시커먼 연기에 휩싸인 건물을 안타깝게 내려다봤지만 에노스는 어디에도 보이지 않았다.

이데아 캔들을 모두 챙겨서 사라진 이룩한 박사의 모습도.

물리 이데아 ·도감·

NO.9

에노스

에너지 이데아

키

130센티미터

몸무게

25킬로그램

특징

다른 에너지를 원하는 에너지의 형태로 자유롭게 전환할 수 있다. 다른 이데아가 있으면 에너지 손실 없이 전환할 수 있지만, 그렇지 않을 때는 에너지 손실이 발생한다.

성격

정의롭고 용맹함.

에노스가 일으킨 현상 분석

현상	원인	질문
①루그와 에노스를 연결하자 번쩍거리는 실험 도구 ②형광등의 에너지를 전환해 눈에서 전기 빔을 쏘는 에노스	에너지의 전환	그럼 에너지는 한 번만 전환될 수 있는 거예요? 그건 아니야. 에너지는 여러 번에 걸쳐 여러 형태로 전환될 수 있어. 스피커를 틀었을 때 배터리 속 화학 에너지가 전기 에너지로 바뀌고, 전기가 스피커를 움직여 소리 에너지로 전환되는 것처럼 말이야.
		에너지의 전환은 우리 주변의 기계에서만 일어나는 거예요? 에너지의 전환은 우리 몸 안에서도 일어나. 에너지가 어디에 있냐고? 음식을 먹으면 음식의 화학 에너지가 근육을 움직이는 운동 에너지로 전환되는 것을 봐!
		에너지는 항상 100퍼센트 전환되는 거예요? 에너지는 원하는 형태로 100퍼센트 전환할 수 없어. 에너지가 전환될 때는 열이나 소리, 빛처럼 원하지 않는 형태로 바뀔 수도 있기 때문이지. 이렇게 전환 과정에서 원하지 않는 형태로 바뀌는 에너지를 '손실'이라고 불러.

에노스는
에너지를 전환해
마 회장을
공격하려 했지!

– 김상욱 아저씨

"토요일 오후, 에너지 킹 건물에서 원인을 알 수 없는 대형 화재가 일어나 직원들이 대피했습니다. 인명 피해는 없었으나 불길이 쉽게 잡히지 않아 오늘 오전에야 완전히 진화됐습니다. 이번 화재로 에너지 킹은 엄청난 규모의 재산 피해를 입었으며, 로켓 발사 사업에도 큰 차질이 생길 것으로 예상됩니다."

김상욱 아저씨가 휴대폰 뉴스를 끄자, 아이들은 다시 눈앞에 펼쳐진 초록빛 풍경을 바라봤다. 휴일을 맞아 외출한 가족들이 햇빛 공원을 평온하게 거닐고 있었다.

숙제를 하던 해나가 손을 잠시 멈추고 말했다.

"저희가 편지의 암호를 더 빨리 풀었다면 상황이 달라졌겠죠?"

태리가 맞장구쳤다.

"그랬다면 이데아들을 이렇게 허무하게 잃지는 않았을 텐데."

건우가 씩씩거리며 말했다.

"생각할수록 어이없네. 이룩한 박사님? 아무튼 그 아저씨는 원래 그렇게 못됐어요? 이데아 캔들을 홀랑 훔쳐 가지 않나, 불이 났는데도 우리를 그 안에 가둬 버리지 않나!"

아이들의 씁쓸한 표정과 달리, 김상욱 아저씨는 편안해 보였다.

"괜찮아, 얘들아. 우리 모두 무사하잖니. 이데아들을 되찾는 길이 쉽지는 않겠지만, 오늘만큼은 우리가 다시 모인 이 순간을 기뻐하자."

해나야,
모처럼 공원에 왔는데
공부만 할 거야?
솔비의 학원 숙제를
일주일 동안 대신해
주기로 했거든요.
솔비
에너지 킹에 들어가려고 말이에요.
전 더 플로라의 콘서트 티켓을 줬고요.
FLORA CONCERT
난 게임 아이템을 다 넘겨줬어요.
으아, 몇 년 동안 모은 건데!
얘들아, 날 위해서…
그렇게까지.
괜찮아요.
아저씨를 다시
만났으니까.

태리와 건우도 힘차게 고개를 끄덕였다. 김상욱 아저씨의 눈에서 감동의 눈물이 터지려던 순간, 벨라 요원이 숨을 헐떡이며 나타났다.

"여기 계셨군요, 박사님. 빨리 또만나 떡볶이로 돌아가야 해요. 마을 곳곳에서 사고가 벌어지고 있어요."

"네? 무슨 사고요?"

10권 미리보기

또만나 떡볶이로 무사히 돌아온 김상욱 아저씨!
다시 일상을 되찾은 지도 어느덧 일주일.

물리를 사랑하는 모습도 여전하다. 끊이지 않는 물리 설명은 덤!
아이들의 반응도 여전히 뜨뜻미지근하지만 말이다.

그래도 김상욱 아저씨가 돌아온 또만나 떡볶이는 활기를 되찾아가고 있었다.

하지만 한 가지 문제가 있다. 바로 이데아 캔을 들고 사라진 이룩한 박사.
그리고 햇빛 마을에서 사고를 치며 돌아다니고 있는 에너지 이데아 에노스.

김상욱 아저씨와 매콤달콤 삼총사, 그리고 이데아 수호 협회의 벨라 요원은
이번에도 다 함께 문제를 해결할 수 있을까?

이룩한 박사와 에노스는 대체 어디에?

모든 비밀이 풀릴 흥미진진한 이야기가 시작된다!

교과 연계

초등 | 6학년 2학기 | 에너지와 생활

물리박사 김상욱의 수상한 연구실

9 에너지: 사라지지 않는 존재

기획 김상욱 | **글** 김하연 | **그림** 정순규 | **자문** 강신철

1판 1쇄 발행 2026년 1월 14일
1판 2쇄 발행 2026년 2월 13일

펴낸이 김영곤
프로젝트3팀 팀장 이장건 **책임개발** 김혜지
마케팅영업부문 정지은 한충희 장철용 강경남 황성진 김도연
아동마케팅팀 나은경 이정은
디자인 김단아
제작팀 이영민 권경민

펴낸곳 ㈜북이십일 아울북
출판등록 2000년 5월 6일 제406-2003-061호
주소 (10881) 경기도 파주시 회동길 201(문발동)
대표전화 031-955-2100 **팩스** 031-955-2177 **홈페이지** www.book21.com

ISBN 979-11-7117-483-6 74400
ISBN 979-11-7117-100-2 74400 (세트)

• 제조자명 : (주)북이십일
• 주소 및 전화번호 : 경기도 파주시 문발동 회동길 201(문발동) / 031-955-2100
• 제조년월 : 2026.2
• 제조국명 : 대한민국
• 사용연령 : 3세 이상 어린이 제품

• **이미지 출처** 게티이미지코리아(69쪽, 93쪽, 113쪽, 135쪽)

에펠탑이 궁금해!

팔랑
촤
으악! 이건 뭐야!
싹
푸흡! 글씨가 왜 이렇게 못났어?
ㅋㅋㅋ ㅋㅋㅋ
에펠탑의 역사가 궁금하다고?
우리가 도와줘야겠는데??
흐음...
좋아! 집사, 우리가 나설 시간이다!
짝!
좋았어!